U0144372

部落教室 Ⅱ

山芋頭 Vasa

sini pu qai 自序

還是以芋頭為例

1997年出版了一本《部落有教室》，書中曾經提到食、衣、住、行、育樂篇食的文化中，特別以「芋頭」為例，並以簡易的食譜及初淺的教學流程拋出一個想法，提供斜坡上的傳統農業一個新的體驗和認知，希望能在逐漸被放棄而凋零的古老產業中，找到一絲生機。23年後的今天，再次提起山芋頭作為書寫的對象，深入探討有關它的世界，期盼能再做一個延伸，讓讀者更清楚，以「芋頭」為例其背後與族人之間，所承載的民族知識與經驗。

食的文化，不只限於山芋頭而已。生活在斜坡上的族人，千年賴於生計的作物種類很多，品種多樣，一直以來作物的生命與族人的生命，自然互惠緊密相依賴著，作物們長年的守護著斜坡上的農田，盡責的生長，世代養活著列祖列宗們，它們世代伴隨著部落人的疲憊與汗水存留下來，彼此間已經有了深刻的情感緊緊相扣著，食物中芋頭只是其中的一小部分。必須疼惜並熟知養活我們的作物！它們生長的季節、環境土壤、雨水和疾病等等。

1980年代，田間作物是主要的生計來源，留在部落裡青壯年的人很多，部落的生命力旺盛，沈重的農務工作落實在年輕人身上，年輕人以 mazazeliyuliyulj（換工）的方式進行田間的工作，目的是幫助人丁稀少的家庭不至於因勞力單薄，而難於勝任斜坡上的墾地工作，採取換工的方式，比起一個家庭單打獨鬥，面對自己的農田來得容易了，是集體共事，男女老幼一起工作，動力十足效率極高，往往是把工作當成娛樂進行，談笑間完成了一個農田的工作，不知覺的累，農務繁忙季節也是部落裡最熱鬧的季節，尤其是未婚的青少年最高興了。

很幸運自己經歷了當時的換工年代。我是家中長子的身分，經常代表家人出勞役，協助部落各項勞動工作，例如，temugut、kivaqu（小米田播種墾地與採收）demangedang（墾荒）、kalja vasan（芋頭田的採收與種植），甚至 kiyan na semanumaq（參與興建石板屋）、semutuzuq（石板屋頂修漏維護）或 masak（開闢聯外道路）等等，各項勞務大都會參與，清一色都是年輕的面孔，和當時自己年齡相仿的人。在部落裡每個人必須要把自己的人際關係經營好才行，才會有人願意和你互換工作。

在斜坡上求生計，是極為不易的事，狩獵與農作兩者間必須兼顧，尤其身為男性，在專業技術上必須求精，要能生產食物，才能建立自己的家庭，養活自己的家人。這些山中的知識，在集體勞動中很容易學到的，每一項工作中，身邊常會有長輩們陪伴教導，同輩們相互切磋分享自己的工作經驗，放縱自己的懶惰與不長進，是自己剝奪了別人想要關心你的那份心，大家才會選擇放棄你。群體中每個人都是重要的，都有各自適合扮演的角色去擔綱部落事務，成敗一起承擔，維持著共事、共難、共享、共榮、共生之生活態度，個人的經驗，經常是被分享的，山中的知識是部落所有成員經驗累積而來的。

2020年代了，我們每個人應對的是更複雜的生活方式和更沈重的負擔，我們早早就已脫離了部落型態的慢活模式，大部分是以個人為中心的生活方式，不再重視與部落群體共識，我們的生活被現代價值支解並挾持著，生計方式異於過去了，對待日子的態度大不相同，時間是金錢的想法早已落實在族人的生活裡，並根深柢固相信金錢是萬能的，與慢活模式

之間兩者是有很大的差異。

快速生活中，會在意時間成本和效益，而慢活生活談的卻是要有更多閒暇，可以給予生命的滿足感，而不是浪費生命，兩者間是物質與精神生活的不同呈現。家鄉的土地供養自己和直接由大城市供養自己，其模式是不同的。自己種植的地瓜、芋頭，直接由土壤中領取，並煮食吃了，另一方式是上班領薪，用錢買下食物吃了卻是一樣的，汗水用在不同工作形式而已，生活型態的改變代表著養活我們的農作種子

（苗）逐漸遠離，我們與它們漸漸生疏，家鄉土地的溫度與部落人握著汗水的雙手漸行漸遠，彼此間的笑聲也已逐漸陌生了。

流傳於斜坡上的作物種子（苗）還有多少？怎樣種植、怎麼煮食？與部落人之間的關係還有多深？這些問題是我一直關心的事。部落裡比較年邁的老人，這一方面有著更深刻的體悟，可以從她（他）們日常作息中看見，年邁的身軀能供給的體力中，勉強去田間，種植自己想要的食物，芋頭、小米、紅藜、南瓜都好，在小小的農田裡快樂的彎腰觸摸種子（苗）和土壤，那般珍惜與虔誠。

曾經，我見過一位年邁的長輩在自己的芋頭田裡工作，我好奇地靠近與她聊天，想知道她在種甚麼，她指著田間的芋頭對著我說：「我只剩下這幾種的芋頭品種了，原本這塊芋頭田裡，有數十種，自己年邁了，已養不起它們了，只好放棄其他的，種植比較好養（種）的……真是可惜了」。看著她手上緊握著芋頭苗，不捨的眼神望著芋頭田久久……。斜坡上，到底還存留著多少祖先們遺留下來的種子（苗）呢？靜靜地自問自己。

旱作物，是源自於古老而神聖的品種，manatja sikavaljualjut（它們讓我們活著），它不僅僅只是食物而已，它還是維繫著人與土地間「友善」的橋梁，這一層關係是單純的，彼此之間生命共存。氣候變遷下的地球，水資源逐漸萎縮中，我們不能漠視「旱作物」存在的價值，它們的存在關係到我們全人類下個世紀的食物來源。

pacaciluq 目錄

vasa yi calisilisi 斜坡上的山芋頭

vasa 為生命開路之意，與 vasak 同一個詞彙，意指用銳利的鋤頭開闢出可以行走的道路，為山芋頭的名稱。

過去時代斜坡上的族人，是以農耕、狩獵和原野採集的方式得到食物，一切的生產都和居住的環境相關，「山」就如同我們的菜市場、我們的大冰箱一樣，應有盡有。若想要從中得到豐盛的食物，必須依自己的本領去取得，這是合理而現實的條件，不論農耕，狩獵或原野採集，要靠知識和經驗來取得，還得遵守山林的規範，不然會是窮無止境的向山林索取，貪得無厭。

賴以生計的食物中，vasa（為生命開路－山芋頭），為農耕裡最被族人熟悉了，與蕃薯、木薯並列譽為 kalamiyan [1] ni qipuqipu（土壤裡的聖糧）。山芋頭也被稱之 pi cavilj a qinuman [2]（年的農田），是因為栽種期必須要花上一整年的時間才能採收，冬天（約12、1月）種植至年底秋末（約11、12月）採收，時間剛好一年，當年採集到的作物，芋頭乾、乾芋梗、葉的存糧，也剛好一年的時間必須煮食完畢，留到隔年會 zazaljan [3]（變質）不好吃，被別人發現家中還有大量隔年的芋糧吃不完，亦會落人閒話，說自私、不與人分享。

山芋頭是年耕種，年煮食的食物，每個家裡熟知自己家人，一年必須種植多少育苗，才不至於缺糧，若當年豐收，也知道可以分送多少的芋頭給親朋好友分享，家人還夠一年的煮食。山芋頭可以說是農作物當中的主糧，其他作物因當年氣候的影響或許短缺，唯獨芋糧不能斷炊。

長年在部落裡生活，部落人的田間作物不陌生，是因為早期自家也是務農關係，常接觸到各種作物，熟知其種類和煮食方式。而山芋頭是最常接觸的作物之一，也是小時候最常

煮食的食物，就以它的品種來分類，大致分為三個不同屬性作為分類的標準，如下：

一、maka cemecemel a vasa 野生的山芋頭

  1. qainguai 可惜啊～它的美味（姑婆芋）

  2. kuilj 故意 被遺忘

二、maka cemecemel sini tavalj a vasa 野生被移栽的山芋頭

  1. tarukungkung 大陸公公

  2. qaljadreleng 常常瘀青

三、kavasan sini talem 被植栽的正宗山芋

  1. ljaivat 世代交替

  2. tjagurucuc 我們的苦瓜臉

  3. qarunang 挖心思

  4. dreqe 嫩脾氣

  5. tjipapulut 臨陣脫逃

  6. drangadrangalj 很多暴牙

  7. ljumeljumeg 一直握在手心上

  8. drulung 滑進簍筐裡的聲音

  9. kucapanan 我還要烘烤

  10. baljabaljar 含著溫度的光

  11. qumas 神明賜予的味道（檳榔芋）

  12. drungal 常常讓腰難過

以上共計16 個品種，除了野生的 qainguai（可惜啊～它的美味－姑婆芋）不能吃之外，其他的品種都能採食，其中 kuilj（故意 被遺忘）、tarukungkung（大陸公公）、qaljadrele（常常瘀青）的母芋，必須熬煮才能吃，缺糧時刻才會採食。在芋頭田裡，常年被植栽的 vasa（山芋頭）有 12 種之多，部落人又稱之 kavasan（正宗山芋頭），這12 個品種當中，又被細分了

三種不同輩份與象徵，如下：

① qatitan [4] tjaliayan nua vasa 被造大地種子芋

正宗山芋頭中的1至7號品種，以 ljaivat（世代交替）為主的山芋頭，被稱之 qatitan a vasa（大地種子芋），象徵平民芋頭，是較為普及耐種植的品種，田間大多以這些芋頭為種植對象，亦是部落人主要的食材。

② pualju [5] tjaljayan nua vasa 創始年代種子芋

8 至 9 號品種，以 drulung（滑進簍筐裡的聲音）為主的山芋頭，被稱之為 pualju a vasa（創始種子芋），象徵世代傳統芋頭，每年種植數量不會太多（容易得病），量少，吃起來的口感比平民芋頭好。

③ mazazangilja [6] tjaljayan nua vasa 顧守的太陽種子芋

10至12號品種，以 drungal（常常讓腰難過）為主的山芋頭，被稱之為 mazazangiljan a vasa（太陽種子芋），象徵太陽與大地的分享，種植的量更為稀少（斜坡地少有水芋田之故），因而特別珍視該品種，常用在祭儀及禮數上饋贈分享之用。

以上這三種不同輩分的山芋頭，建構成一個完整的芋頭田一樣，正常山芋頭有這樣的細分，其原因是依照芋頭本身的生長的方式與屬性，有著不同的應用方式，與部落人的生命禮儀相對應配合，因而有這樣的分類，賦予田間的山芋頭其輩分與象徵。

四、sipapungadanan tua vasa 山芋頭的命名

ngadan nua vasa 芋頭的名字，是依照各品種不同屬性和特徵來命名，從遠古時代祖先取的名字流傳至今，這些名字也經常被應用在別的事務上，例如，我們的苦瓜臉、

臨陣脫逃、一直握在手心上等等，形容一個人的行為舉止時，會以芋頭作為比擬。各民族對自己擁有的芋頭品種，一定也有一套命名的方式，方便區別、辨識，甚至神話中或許會被提起，以強化它與民族間之血脈關係。

nua kacalisiya na vasa（斜坡民族的山芋頭），和其他民族種植的芋頭或許有相同的品種，賦予的名字不會是一樣的，煮食用方式也許有所不同，一樣的是，芋頭可以讓我們當代人吃飽。我們當代人所吃的芋頭，也曾經是祖先們吃過的，是他們吃過的芋頭後代，流傳至今。自己想像從前祖先們的芋頭，品種是不是更多、更好種、更好吃，是我們後代們沒看過、沒種過、也沒吃過的呢？山芋頭串起了時間與空間，也串起了各民族間的爐灶，pakavaljut tjanuitje（養活我們）！

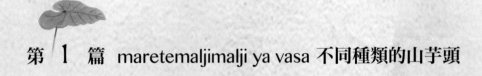

第 1 篇 maretemaljimalji ya vasa 不同種類的山芋頭

一、maka cemecemel a vasa 野生的山芋頭

1. qainguai 可惜啊～它的美味（姑婆芋）

qainguai 可惜啊～它的美味，其字根源自 qai sanuaq（唉，好吃），這一句為雙關語，讚嘆它的美味之外，另一解釋為可惜啊～它的美味，形容姑婆芋碩大的芋莖暴露眼前卻不能採食的感嘆，只能嘆氣。它雖然不能吃，在日常生活中，用途卻很廣。

- 可用來搭建臨時工寮。
- 在山路上忽然下雨時可以做為臨時雨具，在野外工作時，不能淋到雨水的物品，可以用芋葉覆蓋以防淋濕。
- 物品放置地上時很好的鋪陳物，野地炊事可以做為臨時容器與炊具，採集的野生瓜果、野菇、野菜、魚肉等，是很好的包裝用材。
- 咬人狗、咬人貓傷及皮膚或蜂類螫到時，取下芋梗，將汁液塗抹在傷口上可以用來消毒，它的汁液也要特別小心，不輕易碰到皮膚或眼睛，會特別癢而且會劇痛，若沾到了，用自己的尿敷，可以減緩自己的痛苦。
- 其他品種的芋頭葉，雖然葉片也很大但不耐用，容易破損，不像姑婆芋葉很耐用，它是原野中重要生活用材，取得容易，便利性高。

① kapaz 根
② kina 母芋，暴露於地表上
③ maca 母芋的芽眼
④ picil 子芋，會長根
⑤ qedet 子芋的芽點
⑥ pudek 生子芋的芽點
⑦ asau 葉子 ─ 和大陸公公(千年芋)的葉子長得很像，但顏色較淺，葉子正、背面的葉脈均凸。
⑧ vangalj 果子 ─ 山豬特別喜歡吃，鳥類和其它動物也會來吃，幫忙傳播種子，透過自己的芽點亦可繁衍。

雨具

鋪墊

煮食

部落人常以該品種的芋頭，形容一個人重看不中用，高大身材卻一無事處。

2

2. kuilj 故意 被遺忘（青芋）

- kuilj（故意 被遺忘），其字根源自 quilj（被綑綁的一把柴薪），意指一堆柴薪綑綁好之後，才發現身旁少綁了一兩根柴，心想算了，再解開一起綑綁覺得很麻煩，就這樣故意的留於原野間，被遺忘了。形容該品種，平日覺得不重要，經常會被遺忘，莫非遇上大飢荒，缺糧當下才會去採集。

- qainguai（可惜啊～它的美味）和 kuilj（故意 被遺忘），這兩個為野生的品種。qainguai（可惜啊～它的美味）全株是不能吃的，但是日常生活中，經常會使用到它的葉子，帶給部落族人方便，因而在山芋頭的分類中常被提到。kuilj（故意 被遺忘）在原野間生長數量不亞於 qainguai（可惜啊～它的美味），只要是比較濕冷的地方容易生長，山間溪流或瀑布邊就會有它的身影，整株生長矮小，根莖細緻，葉片呈心形不沾水。

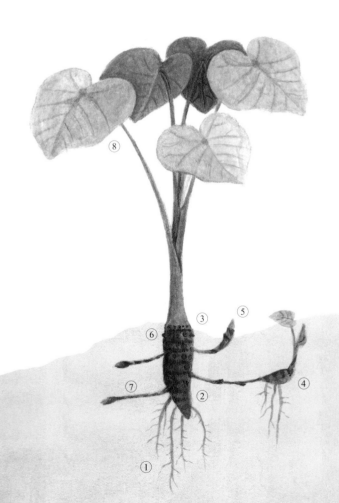

- 球莖可食，通常是遇上大飢荒，糧食短缺時才會採集，必須 sipatavalj [7]（熬煮）才可以吃。
- 葉、梗不能吃。
- kina（母芋），形狀細長且橢圓，會透過 qilat（依賴－走莖）生下子芋，很會 remipirip [8]（往周邊延伸）發芽，並且 remuceruc [9]（茂密）。
- 整株呈淺綠色，梗顏色較深。

① kapaz 根
② kina 母芋
③ maca 母芋的芽眼
④ picil 子芋，會長腳，生根
⑤ qedet 子芋的芽點
⑥ pudek 生子芋的芽點
⑦ qilat 走莖
⑧ asau 葉子一呈心形，粉綠色葉面附一層微細的毛，水滴落於葉面上時會呈圓珠形，不沾葉。

該品種，常被引用在不被受重視且冷豔孤傲之人，在糧食短缺下最後的選擇，雖然是這樣卻是保命或傳宗接代時的唯一選擇。

二、maka cemecemel sini tavalj a vasa 野生被移栽的山芋頭

1. tarukungkung 大陸公公（千年芋）

- 部落年長的耆老們口述，這一品種的芋頭是隨著 ljautjiya（老爹－音譯，指大陸新移民），移民臺灣時所帶來的品種，部落族人根據新移民的自稱命名該品種為 tarukungkung（大陸公公－音譯），為近代（清朝及日據時代）引進的品種。

- 該品種生長的特別高大，葉片也很大，有點像 qainguai（可惜啊～它的美味），葉片的特徵形狀呈三角，葉片邊緣有一條明顯的邊線，葉片雖大但容易爛，不太被使用，不像姑婆芋葉耐用。

- 整株呈暗綠色，葉子不能吃。

- qainguai（可惜啊～它的美味）、tarukungkung（大陸公公）和 kuilj（故意 被遺忘）這三個品種，常被提到，但不含在 vasa（山芋頭）的分類中，直接以它們自己的名字稱呼。另外，被植栽的山芋頭（1~12 號品種），有其共同的稱呼 ka vasan [10]（正宗山芋頭之意）方便和前三者有所區別。

- kina（母芋）不太採食，供作芋苗種植，但若碰上飢荒時，母芋可以下水熬煮。
- picil（子芋）生長旺盛，可以採食直接下水煮食，亦可做糕點及烘烤成芋頭乾。
- supiq（芋梗）可以採食，水煮、涼拌配些佐料亦可以煮湯。

① kapaz 根　　　　　④ picil 子芋，表面光滑不生根
② kina 母芋　　　　　⑤ qedet 子芋的芽點
③ maca 母芋的芽眼　　⑥ pudek 生子芋的芽點

部落人常以該品種引喻著一個人，山裡的知識欠缺，人長的高大，山中知識卻很低。

2. qaljadreleng 常常瘀青

· 野性強（誤食時嘴會特別養），許多農夫不太種植，原因是和一般山芋頭（大地種子芋）長的太像了，經常被誤食。該品種和 kucapanan（我還要烘烤）這二種雖然也含在vasa（山芋頭）的分類中，種植時會刻意在田間某個角落植栽，和其他品種的芋頭分開種植，避免與其它正宗山芋頭混淆，這二個品種的母芋必須熬煮才能吃。

· kina（母芋）為所有芋頭品種當中，接觸到皮膚時是最癢的，但它的葉子最不癢也最好吃的部位。

只採收生長在土壤裡粗大的 picil（子芋），烘烤成芋頭乾，再磨成 palju（芋頭粉），吃起來稍微會癢。

· asau（葉子），可以加工成 saljai（芋葉全乾）或 linaic（芋葉半乾）食之。

· qaljadreleng（常常瘀青），其字根源自 geleng（雷聲），久久未下雨，土地乾旱到不行的時候，農戶們心情總是等待著雷聲響起，帶著雨水給土地和農作物解渴，同樣的，一連下了多日的雨，所有的一切都發霉了，農夫們無法出門工作時，心也想著何時雷聲響起讓雨水停止？雷聲是下雨前、雨停前的訊號，若無預警的下起大雨或雷聲響起卻不帶雨，部落人會怪罪雷聲為不誠實的雷。形容該品種經常被人誤食，吃了嘴會發燙、發癢到喉嚨時才知道自己誤食了，猶如不誠實的雷，讓人措手不及，來不及做準備工作。

① kapaz 根
② kina 母芋
③ maca 母芋的芽眼
④ picil 子芋，會長腳，生根
⑤ qedet 子芋的芽點（呈尖形）
⑥ pudek 生子芋的芽點

⑦ qilat 走莖，有時會暴露於地表上，長的很細，不吃
⑧ cinaingan 梗葉接點—na quljenger（呈淡黑色）
⑨ asau 葉子—特別的薄，外觀和 kavasan（正宗山芋）非常相似

🍃 部落人常以該品種的名稱，形容一個脾氣特別難搞定的人。

三、kavasan sini talem 被植栽的正宗山芋頭

1. ljaivat 世代交替

- 其整株長相與 qarunang（挖心思）的品種相似，picil（子芋）的長成也相似，差別在於該品種梗的部分顏色較深，呈暗綠色，子芋的 qedet（芽點）matuna maqadreng 猶如瘀青的顏色一樣。

- kina（母芋）很會生 picil（子芋），若種植在肥沃的土壤裡可以採收到不少的子芋，有部分特別靠近 maca（芽眼）的 picil（子芋）會呈圓形。

- picil（子芋）生長特別長而粗大，表面光滑，烘烤成芋頭乾時很漂亮。可以吃的部位有母芋、子芋、梗、葉子，通常 kina（母芋）會切成對半，上半部 qaqedudan（母芋芽點）部分保留做為芋苗，其餘皆可食用。

- ljaivat（世代交替），該句子逐句解釋為 ulja maru vat 但願猶如一粒種子之意，其字根源自 calivat（超越），這一句詞意廣泛，例如 se calivat a qadau（太陽一天天的過）、se calivate tua kapaula（渡過苦難）、se calivata manguaqan（失去了福分）等等，好、壞皆與 calivat（超越）相關詞彙。

① kapaz 根
② kina 母芋
③ maca 母芋的芽眼
④ picil 子芋，不長腳，會生根
⑤ qedet 子芋的芽點，其顏色猶如瘀青色
⑥ supiq 芋梗－顏色為暗綠色，靠近母芋部位顏色很深
⑦ cinaingan 梗葉接點－稍呈黑色

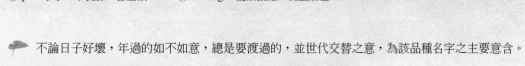 不論日子好壞，年過的如不如意，總是要渡過的，並世代交替之意，為該品種名字之主要意含。

2. tjagurucuc 我們的苦瓜臉

- 斜坡民族古老的童謠裡，有唱到此品種，其歌詞大意：「……… ljegeai pangupangul kanu tua tjagurucuc nuikasuna mavetu kanu tua qainguai ……」逐句解釋其意思…… ljegeai 人名，音色悠遠之意，pangupangul 地名，在敲打的地方，kanu tua tjagurucuc 吃我們的苦瓜臉吧，nuikasuna mavetu 若還吃不飽，kanu tua qainguai 就吃了可惜啊～它的美味（姑婆芋）吧！

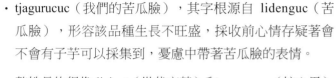

- tjagurucuc（我們的苦瓜臉），其字根源自 lidenguc（苦瓜臉），形容該品種生長不旺盛，採收前心情存疑著會不會有子芋可以採集到，憂慮中帶著苦瓜臉的表情。

- 整株長的很像 ljaivat（世代交替）和 qarunang（挖心思）的品種，差別在於該品種的 picil（子芋）生長較為細小且稀少，為芋頭品種當中子芋生長最稀少的。

- kina（母芋）相較之下，也比其它品種還大，呈橢圓形，通常 kina 母芋會切成對半，上半部 qaqedudan（母芋芽點）會保留作為芋苗，其餘皆可食用。

- picil（子芋）烘烤成芋頭乾時很醜，不會把它當 qucequc [11]（零嘴）吃，會搗成 palju [12]（芋頭粉）。

- 可以吃的部位有母芋、子芋、芋梗。

① kapaz 根
② kina 母芋，長的很大，呈橢圓形
③ maca 母芋的芽眼
④ picil 子芋，長的稀少，不大，不長腳，會生根
⑤ qedet 子芋的芽點
⑥ pudek 生子芋的芽點
⑦ supiq 芋梗－顏色為深綠色，比ljaivat（世代交替）的品種再淺一些
⑧ cinaingan 梗葉接點－稍呈黑色

歌詞中表明了該品種的子芋生長特別稀少，不足以讓一個人吃飽，因填不飽肚子會露出一副苦瓜臉的樣子，只能嘆！自己挨餓了。

7

3. qarunang 挖心思

- qarunang（挖心思），其字根源自curinangenang（躺在陷阱裡的獵物），意指已捕獲獵物的陷阱正等待著獵人領取之意。形容該品種怎麼種就怎麼活，而且生長茂盛，不必花太多心思去擔心產量的問題，有種植必有收穫。

- 整株長的與 ljaivat（世代交替）相似，差別在於芋柄的顏色呈淡綠色偏白，下半部芋鞘的地方越深，呈暗綠色。

- kina（母芋）和其它品種一樣，取它的上半部母芋芽點的部位作芋苗，下半部可以食用。

- picil（子芋）生長粗大而且很長，若生長在鬆弛的土壤裡會特別長，採收時必須切半，方便烘烤、煮食，烘烤成芋頭乾時色澤特別漂亮。

- 該品種和ljaivat（世代交替）品種，是最為普級且被喜愛的種子芋，部落族人很多家庭乃保留其芋種，原因是子芋生長粗大，而且很好生長之故。

- 可以吃的部位有母芋、子芋、梗及葉子。

① kapaz 根
② kina 母芋，生長不大
③ maca 母芋的芽眼，呈淡紅色
④ picil 子芋，長的特別粗大，不長腳，會生根
⑤ qedet 子芋的芽點，呈淡紅色
⑥ sinepiqan（芋鞘）－靠近母芋的地方越深，接近暗綠色
⑦ qacusal 柄－呈淡綠色偏白

4. dreqe 嫩脾氣

dreqe（嫩脾氣），其字根源自 dredreq（尚未長牙
的嬰兒）人見人愛的小小寶貝嬰兒，會不明究理
的哭鬧，需要大人細心照顧，順應他（她）的心
情去安撫才是。dreqe（嫩脾氣）一詞為雙關語，
另一解釋為所有剛出生的嫩球莖，其模樣白嫩很
討人喜愛，因此得名。

· 該品種和 tjipapulut（臨陣脫逃）相似，其母
　芋及子芋生長方式雷同、形狀也相似。較明
　顯差別在於葉子的形狀，該品種的葉子邊緣
　nama quringenge（成波浪形），異於其它芋頭
　的葉片。tjamulamulang（鳳蝶的幼蟲）特別
　喜歡啃食該葉片 qariveqiv [13]（脆脆滑滑的）。

· 子芋長得不大，但很茂密，比較不會烘烤成
　芋頭乾，因為烘烤時會在烤架上到處 caljebuk
　（氣爆），好比嬰兒般在搖籃裡哭鬧一樣，
　不知該如何是好，通常烘烤前會使用尖刀刺
　破表皮，以防氣爆。

· 可以吃的部位有母芋、子芋。

部落族人常以該品種的名字 dreq（嫩脾氣），形
容未見過世面又自以為是的人。

① kapaz 根
② kina 母芋，呈圓形，長的不大

③ picil 子芋，呈圓形，不長腳
④ qedet 子芋的芽點

⑤ supiq 芋梗，全綠
⑥ asau 芋葉，顏色淡綠

5. tjipapulut 臨陣脫逃

- 葉片尾端稍呈尖形，該品種和 dreqe（嫩脾氣）長得很像，其母芋、子芋和葉子長的稍微小一點，母芋及子芋形狀相似，稍呈圓形，彼此間直接由身體連結，不長 kula [14]（腳）或 qilat（走莖）。

- 每個 picil（子芋）皆會長出 qapipi（孫子芋），孫子芋還會生出曾孫子芋、玄孫子芋……每一粒幾乎會生根長葉子，而且會 remuceruc（茂密生長）。

- 字根源自 kipulut（鑽漏洞脫逃）。該品種的母芋與子芋煮熟後特別容易剝皮，芋身輕壓，皮內的芋肉就會滑出來因此得名。

- 可以吃的部位有母芋、子芋，可以下水煮、烘烤成芋頭乾、搗成芋粉、零嘴。

① kapaz 根
② kina 母芋，長得很少，形狀稍呈圓形
③ picil 子芋，長得很小，形狀稍呈圓形
④ supiq 芋梗－顏色全綠
⑤ asau 葉子－葉尾稍呈尖形

部落族人，常以該芋頭名稱 tjipapulut（臨陣脫逃）來形容，團隊中在關鍵時間裡，總是會消失不見蹤影的人。

6. drangadrangalj 很多暴牙

- 葉子顏色為淡綠色偏白，和 dreqe（嫩脾氣）、tjipapulut（臨陣脫逃）品種顏色雷同，梗也相似。

- qilat [15]（依賴之意－指走莖），na remuceruc（非常茂密）madradraqadraqa（特別會分叉），若生長在鬆弛而肥沃的土質上，qilat（依賴）會長的像腳姆指一樣粗，呈 quripiripi（扁形）yinika na malimudud（形狀不成圓滾狀），其長度可達 20～30 cm 左右，採收或煮食時必須切割分段，其生長方式 na djemuljat [16]（意指猶如祭祖靈的刺球桿放射狀的向四周延伸）。

- 一般芋頭會在土裡生下子芋，該品種特別會在地表上生子芋，如暴牙般的露出嘴面因而得名。drangalj 指暴牙，排列的牙齒中，有部分牙齒斜長在正確位置邊沿稱之，形容該品種的芋頭生下子芋的方式。

- 可以吃的部位有母芋、子芋。

① kapaz 根
② kina 母芋
③ picil 子芋，qilat－走莖，形成的子芋
④ qilat 走莖，長於土表上往四周延伸並分支，部分走莖因受日光照射其顏色稍呈綠色，不太會往土裡生長，除非人為掩埋。
⑤ qedet 子芋的芽點，呈尖形
⑥ supiq 芋梗－顏色全綠
⑦ asau 葉子－呈淡綠色偏白

 始終與大家意見神離或特別喜歡鶴立獨行之人，部落人會直接以 drangadrangalj 來稱呼這樣行為的人。

7. ljumeljumeg　一直握在手心上

ljumeljumeg一直握在手心上之意，其字根源自 gememegem（緊握著手心），為單人緊握自己的手心之動作，若很多人的手緊緊握著手心，則稱之 ljumeljumeg，意指很多人同樣一個心情，緊握著自己的手心，不好意思把自己認為的好東西給別人看。形容該品種的芋頭大家認同不怎麼好吃。

- 葉子長的不大，顏色呈墨綠色，其梗呈墨綠色偏黑。整株生長不高，為所有芋頭當中，最不被看好的品種。

- 它 和 tjipapulut（臨陣脫逃）品種一樣，子芋特別會 qemapipi（傳祖宗－生孫子芋），子芋的 qedet（芽點）特別黑。

- 該品種不適合烘烤成芋頭乾，若被烘烤時其外表色澤不好看，顏色呈暗土色近黑色，而且 kerengerengec（皺皺的）成一團，若被烘烤到會特別挑出來搗成 palja（芋頭粉）。

- 可以吃的部位有母芋、子芋。

- 只能下水清煮，生芋肉呈白色，煮熟後呈暗土灰色，母芋吃起來的口感 varatjevatj[17]（脆滑）不怎麼好吃，並不像其它品種的芋頭吃起來會黏齒，有濃郁的芋香味，其嫩子芋稍微好吃。

- 顧名思義該品種的名字 ljumeljumeg（一直握在手心上），因長相不怎麼好看又難吃，所以一直握在手心上，怕被別人看到。

- ljumeg 其名（握在手心上－匿名），也用在斜坡族人（排灣族）的女性名字上，另意含著女孩的內在美，隱藏在手心上，唯看懂之人會特別欣賞、愛戀。lumeg（握在手心上）也用在斜坡民族古老陶壺裡的祖靈名字。

⑥

⑤

④

③

②

①

① kapaz 根
② kina 母芋，長得不大
③ picil 子芋，很會生孫子芋，直接由身體與母芋連結
④ qedet 子芋的芽點，未發芽之前顏色特別黑

⑤ supiq芋梗－顏色呈暗綠色偏黑
⑥ asau 葉子－呈暗綠色

🌱 部落人常以 ljumeljumeg 來形容一個人的行為平時萎萎縮縮，於群體中，似乎見不得人的樣子，太過客氣和害羞了，有點像隱形人一樣。

8. drulung 滑進簍筐裡的聲音

- drulung（滑進簍筐裡的聲音），其字根源自 lemungelung [18]（使之滑落）一詞中，將東西由上坡滑滾到下坡的動作稱之。在田間工作時，若採集的作物不多，會以雙手捧著即可，雙手滿了放入簍中，繼續採集，這個動作可以反覆數次，反正作物不多馬上就採集完了。但是，若採集的作物實在太多了，不能用這個方法採收會浪費時間，會直接將簍子放在採集物的下方，雙手摘下時直接滑落簍中，省了麻煩。形容該品種長出的子芋很多，採集時可以持續聽到芋頭滑落簍中的聲音，因此得名。

- na lingedres [19] a qinapuluan（整株長的粗壯不高），不像其它品種的芋頭，葉子朝上，生長的很高挑。

- kina（母芋）長的不大，若生長的好不得病，可以生出很多子芋，有時一株可以採收到 tjanu ita tua cepeng [20]（裝滿一個方型簍筐）。

- picil（子芋），其特徵明顯，異於其它品種，它的 qedet（芽點）不在中間，而是圍繞著邊沿位置，中間猶如 vucavuca（眼盲）一樣。子芋的身體稍為呈橢圓狀。母芋與子芋身體連接點很大，子芋不長腳，生長旺盛。

- 該品種為務農人家所喜愛，它名字的意思不難理解，是很容易裝滿簍筐的芋頭。

- 可以吃的部位有母芋、子芋、梗和葉子。

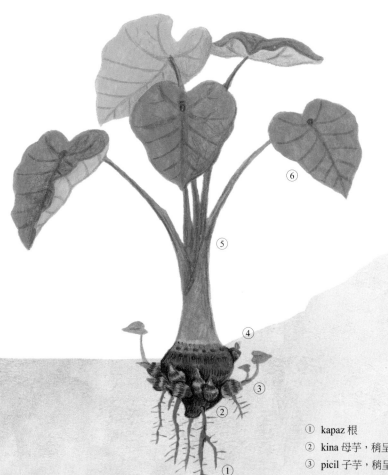

部落人常以 drulung（滑進簍筐裡的聲音）來形容一個人，好比 qipaqipang（腳板有很多輪子）一樣，走在山路上，那怕是平坦路也容易聽到滑倒聲，何況森林裡沒有路的地方，更不用說了，他走過的痕跡，猶如坦克車輾過一樣，不適合當獵人。

① kapaz 根
② kina 母芋，稍呈圓形體型不大，很會生子芋
③ picil 子芋，稍呈橢圓狀，直接由身體與母芋連結
④ qedet 子芋的芽點，未發芽前呈盲眼狀態
⑤ supiq 芋梗－全綠
⑥ asau 葉子－全綠

9. kucapanan 我還要烘烤

· 其字根源自 ku capan（我的烤架）。ku capanan（我還要烘烤）該句子為雙關語，意指我還要烘烤怎麼沒了之意，形容該品種的子芋稀少，烤架只能烘烤一次，就沒了，因此得名。

· 葉子和梗的顏色與 baljabaljar（含著溫度的光）相似，其 cinaingan（梗與葉的接點）呈紅色，柄的部位也呈紅色；兩者之間的差別從葉子來分辨，該品種的葉子尾端比較長，而 baljabaljar（含著溫度的光）的葉子比較圓，此外母芋與子芋生長方式差別較明顯而不同。

· 該品種的母芋與子芋生長方式與 qaljadreleng（常常瘀青）很像，地表上會長出細長的 qilat（走莖），土壤裡子芋長的稀少。

· 可以吃的部位有母芋和子芋。

① kapaz 根
② kina 母芋，形狀呈橢圓狀
③ picil 子芋，會長腳，生根
④ qedet 子芋的芽點，稍呈紫色
⑤ qilat走莖，有時長於地表上，很細不能吃
⑥ supiq 芋梗－柄呈紅色，靠芋鞘呈綠色
⑦ cinaingan 梗葉接點－呈紅色
⑧ asau 葉子－淺綠色

10. baljabaljar 含著溫度的光

· baljabaljar（含著溫度的光），字根源自 temeljatjeljar（正在發光），形容該品種猶如含著溫度的光一樣，可以隨時照亮飢餓的道路。

　芋柄及葉片相連的結點顏色呈紅色，芋鞘的顏色為綠色，和 kucapanan（我還要烘烤）品種很相似。

· 該品種的子芋生長不多，芋肉為紫白色有斑點，在所有芋頭種類中芋香味最特別，尤其被烘烤成芋頭乾後，味道特別香，被譽為最上等的 qucequc（零嘴）。

· 年度芋頭採收完畢後，家家戶戶特別會以該品種烘烤過的芋頭乾，饋贈親朋好友做為零嘴，分享年度的收成，饋贈時順道一句習慣語「uljasuna pacunan nua baljabaljar 願你們被有溫度的光看見！」

· 可以吃的部位有母芋、子芋、梗、葉。

① kapaq 根
② kina 母芋，形狀成橢圓形
③ picil 子芋，和母芋間有腳和走莖連結，會生根

④ qedet 芽點呈紅色
⑤ supiq 芋梗－柄呈紅色，芋鞘呈綠色
⑥ cinaingan 梗葉接點－呈紅色

11. qumas 神明賜予的味道（檳榔芋）

- qumas（神明賜予的味道）其字根源自為（於）qemas[21]（呼氣），意指神明呼的氣息，由萬物領受之意，是含著勤勞、勤奮和謙卑的一種味道。

- 母芋特別大，子芋相對小而稀少，該品種和drungal（常常讓腰難過）在斜坡上偶而會見到，種植該品種的水芋田，這兩個品種的水芋是需要大量的水去灌溉。

- 該品種的肉質顏色稍呈紫色，中間有很多紫紅色斑點和細短線條，易於辨識，株身長相與肉質顏色和drungal（常常讓腰難過）相似，兩者間的差別是芋梗的顏色不同，該品種靠近母芋的sinupiqan（芋鞘）顏色稍呈紫紅色，而drungal（常常讓腰難過）的顏色呈淡綠色偏白。

- 可以吃的部位有母芋、子芋、梗和葉。

- 平地市場較容易見到該品種，一般冰店賣的芋頭也多半是該品種居多。

① kapaz 根
② kina 母芋長的特別大，呈橢圓形
③ picil 子芋長的稀少，不大。通常是拿來作為芋苗
④ qedet 芽點呈紫紅色
⑤ supiq 芋梗－柄呈綠色，芋鞘呈紫紅色

12. drungal 常常讓腰難過（水芋）

① kapaz 根
② kina 母芋，呈橢圓形，長的肥大
③ picil 子芋和母芋間有腳的連結，長得不大
④ qapip 升格為母芋的子芋

⑤ tja qapipi 孫子芋－採收時會種回泥土裡，作為芋苗
⑥ sinupiqan 芋鞘－淡綠色偏白
⑦ qacusal 芋柄－呈紅色

- drungal（常常讓腰難過），其字根源自於 dremengal（哀嚎、疼痛），ingal（腰），該品種被部落人視為源自於太陽賜予的古老品種，相傳，來自太陽日初戰士的刀，除掉了來自黑暗的 sa ramiljangan [22]（聖 貪婪之靈），解救飽受飢餓的人們，後來人們每年年祭時以 drungal（常常讓腰難過）作為回報的代價。

- 一般的旱芋是種植在斜坡地上，人不需要太彎腰，雙腳不必承受泥濘的束縛即可工作，該芋頭為水芋品種，是種植在有水而且平坦之地，因常年蓄水土質鬆軟且黏著，種植和採收時需要完全彎腰，幾乎匍匐著身體在工作，所以常常會讓腰痠疼痛，因此得名。

- 可以吃的部位有母芋、子芋、梗、葉。

- 該品種與 baljabaljar（含著溫度的光）相似，其株長高一些，母芋長的很大（為主要禮數），子芋長得不大，採收時會在水芋田的泥濘中，用腳踩使子芋與母芋分離後，將母芋拔出，留下子芋（或孫子芋）在土裡作為芋苗，讓它繼續生長（生長較大粒的子芋亦可採收）。

四、sini papangalj nua kadjunangan 土地的分享

- 在斜坡上要墾出一個水芋田是很困難的，需要整出一個平坦之地，需要大量的水供應，種植的土質必須有蓄水功能，尤其大風大雨過境時，田梗間瞬間大量的積水，可以有效的排出才可以，其防洪水道，工序工法比起直接種植於斜坡上的旱芋田困難許多，因此誰家有水芋田是值得驕傲的，也是部落族人羨慕的一件事情。

- 一個完整的 pu drungalan（常常讓腰難過－水芋田），必須具備三樣作物才算完美的，第一種作物為 drungal（常常讓腰難過－水芋）、第二種作物為 tjevus（白甘蔗）、第三種作物為 atap 為（排香草），此三樣作物象徵著水芋田的精神和女性的偉大，代表從事水芋田工作的偉大雙手（水芋田多半是女性擔綱種植及培育工作），可以創造生命中的食物香味。

- 年度大祭及婚慶中饋贈時重要的禮數，有drungal（常常讓腰難過），象徵著生命中的食物分享，tjevus（白甘蔗）象徵甜蜜、atap（排香草）象徵香味，這三樣作物缺一不可，它隱含著深層意義，祝福一個人有著完美而甜蜜的人生之外，亦是庇佑平安的象徵，部落人視為 kavecengel [23]（汗水滴的代價）、sipa pangalj（作為分享），drungal（常常讓腰難過）為所有芋頭品種中輩分最大的。

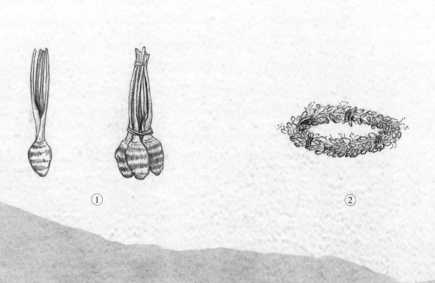

① drungal（常常讓腰難過）芋葉切除後，依芋頭大小（5粒）綁成一把做為禮數，picul pinuliman nua vavayavayan（代表女性雙手的能力）

② atap（排香草）纏繞成一個花環，代表 kinavavayanan samiling（身為女性的韻味）

③ tjevus（白甘蔗）2支綁成一把，代表 kinavavayanan na qaljemetj（身為女性的甜美）

drungal itjua papucekelj 婚禮中的 drungal 常常讓腰難過（水芋）

• 婚禮中，由男方家族抬禮送到女方家族的植物生命禮，有 drungal（常常讓腰難過—水芋）、atapa ljakaran（排香草的花環）、tjevus（白甘蔗）、rinagelj dradrum（小米釀的酒）、veljevelj（香蕉）等植物分享的禮數。

年度大祭之一的 masalute [24] 過分搶奪之意（植物生命祭－俗稱收穫祭）、mavesuang [25] 送走最後的氣息之意（動物生命祭－俗稱獵祭）、pasa zaleman tua vuvu 請祖靈下凡間之意（團聚祭－俗稱祖靈祭）。儀式中的 sini patjavan [26]（祭品）－drungal（常常讓腰難過－水芋）、ljasiyak（南瓜）等農作物，qavai（糕點）、sa cemel [27]（聖藥－獵物）和 rinagelj dradrum [28]（聖酒）。

vasa kikakanenen 芋頭可食的部位

一、maka cemecemel a vasa 野生的山芋頭　　　二、maka cemecemel sini tavalja vasa 野生被移栽的山芋頭

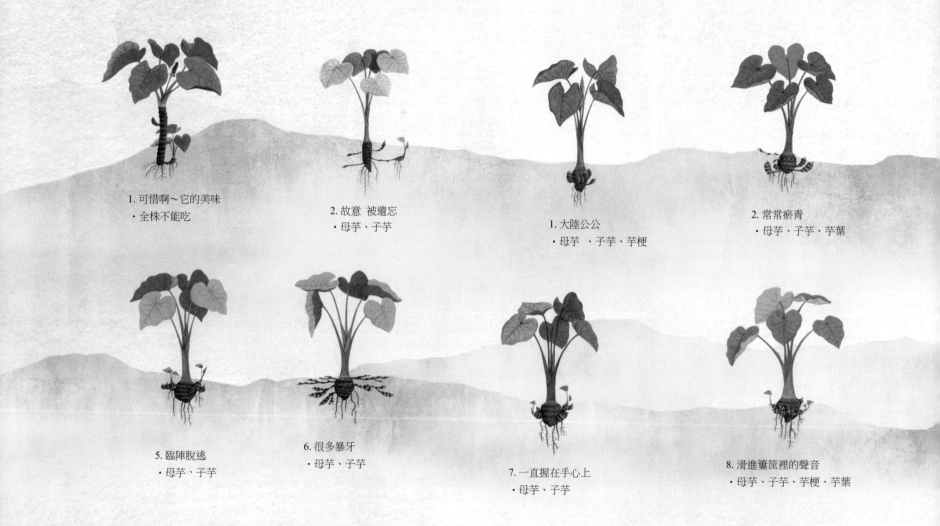

1. 可惜啊～它的美味
  · 全株不能吃

2. 故意 被遺忘
  · 母芋、子芋

1. 大陸公公
  · 母芋 、子芋、芋梗

2. 常常瘀青
  · 母芋、子芋、芋葉

5. 臨陣脫逃
  · 母芋、子芋

6. 很多暴牙
  · 母芋、子芋

7. 一直握在手心上
  · 母芋、子芋

8. 滑進簍筐裡的聲音
  · 母芋、子芋、芋梗、芋葉

· 需要 patavalj（熬煮）才能吃的芋頭品種有三種：故意 被遺忘－母芋、子芋、大陸公公－母芋 和常常瘀青－母芋。熬煮
  方式，將芋頭放入鍋中下水煮，其芋肉由白色熬煮到呈淡朱紅色的顏色才可以吃，煮食時要不斷的 temevu [29]（加水）免
  於鍋中缺水，是非常耗時又耗柴薪，熬煮需要大半天的時間才可以，除非嚴重缺糧，才會去煮食。

三、kavasan sini talem 被植栽的正宗山芋頭

1. 世代交替
 ・母芋、子芋、芋梗、芋葉

2. 我們的苦瓜臉
 ・母芋、子芋、芋梗、芋葉

3. 挖心思
 ・母芋、子芋、 芋梗、芋葉

4. 嫩脾氣
 ・母芋、子芋

9. 我還要烘烤
 ・母芋、子芋

10. 含著溫度的光
 ・母芋、子芋、芋梗、芋葉

11. 神明賜予的味道
 ・母芋、子芋、芋梗、芋葉

12. 常常讓腰難過
 ・母芋、子芋、芋梗、芋葉

・大陸公公 和 常常瘀青這兩個品種的子芋，可以烘烤成芋頭乾（粉）或一般下水煮（吃起來稍微會癢）。

第 2 篇　sisan kakanenan tua vasa 山芋頭食材的作法

一、seman cacapan tua vasa 建造山芋頭的烘烤架

山芋頭的 cacapan [30]（烘烤架）建造地點，通常會在芋頭田的工寮周邊，方便做事、住宿及避風雨。

1. 建造基地的選擇有以下幾個考量

① sivaikan nu vali 風的走向

盡可能避開逆風向的地形，灶中的火向（氣流），是否容易往外或往內，這關係到使用的柴薪節省或浪費；若火候往灶內，容易聚熱，烘烤速度較快，比較節省柴薪，反之則不易聚熱，烘烤速度慢也比較浪費柴薪。

② calisiyan katua kazatjan yinecevungan

斜坡地與平坦地接壤的地形

該地形有高度落差，因而不需要大開挖，砌石工作和需要的雜石省力省材料，建造比較輕鬆。

③ nu pecunguin puaruarut a sapui 起火時火舌的走道順暢

放置芋頭的竹架是斜面的，方便烤好的芋頭乾下架，因而火道也順著斜坡地形推進，可以平均的受熱。

2. 烤架的尺寸

依照芋農常年的芋頭收成量而定，有些農夫特別的勤勞，自己的農田特別的大，還有可能一年同時耕作二至三個田地，芋頭的採收量可以想像。烤架有多種規格，以下三種為大約尺寸（縱長 × 上方寬度 × 下方出口寬度）：

A. 大規格：約 250 cm × 約 160 cm × 約 50 cm

B. 中規格：約 180 cm × 約 130 cm × 約 50 cm

C. 小規格：約 160 cm × 約 110 cm × 約 50 cm

以上標示的尺寸為放置芋頭的竹架面板尺寸。灶內高度（地上至竹架間距）平均約 100～150 cm 左右，竹架約分隔成一至三格，有時較特大型的烤架格數多到四格。

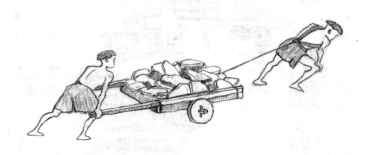

烘烤架剖面圖

建造

剖石

3. 建造材料

① 雜石－砌石牆面及台階
② 石片－立石壁、灶入口、擋火板、石階踏板
③ 木板－邊板、隔板、壓板
④ 竹子－烘烤架
⑤ 藤－繩索綑綁

4. ngadan nuai cacapan 烘烤架細部名稱

① papecunguan 起火的地方（灶口）

② pacavulid 上肩石 – 母石板

　　象徵著家庭成員集體的力量

③ kiliv 擋火板 – 母石板

　　防止火舌及溫度逆流

④ caqev 蓋板 – 母石板

⑤ vitjila 擋芋板 – 硬木板

　　為最下方出口的擋板，防止芋頭滑落

⑥ veljeng 隔板

- 上、下槽烤架分隔板。比較大型的烤架，有時會多出一層隔板，將烤架分隔成上、中、下槽；擋芋板和隔板設計成活動板，烤好的芋頭可以方便卸下，讓芋頭乾滑落至竹簍裡。

- 烘烤時，若生芋頭不夠多，只容下 A 槽時，則 B 槽空間必須用 C 方法將姑婆芋葉墊底鋪面，上方填土，將B槽烤架全部封住，讓火候不至於浪費，稱之 vengeliv（阻擋火候），若不填土，浪費火溫之外，容易造成芋頭受熱不均而烤壞。若把生芋頭放在 B 槽烘烤，A 槽填土，則取下烤好的芋頭較為不便。

⑦ qezetj 壓板 – 硬木板，上方固定邊板

⑧ livek 邊板 – 硬木板，兩側固定邊板

⑨ djelep 壁板 – 母石板

⑩ tjaljetjalj 階梯 – 母石板，雜石砌

　　A 槽 capan i tjailauz 下方烤架 – 細竹子排列烤架

　　B 槽 capan i tjaizaya 上方烤架 – 細竹子排列烤架

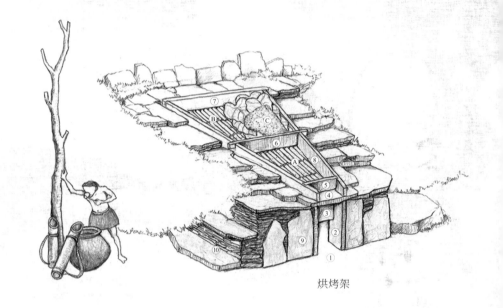

烘烤架

- 過去時代沒有鐵網和鐵絲等耐火材料，完全用自然素材建造而成的烤架，採用 qau（細竹子）排列，用 tjingarur 或 peljitjeq（野藤）編織而成的烤面板，所以在烘烤芋頭時必須備水，防止因火候過高而燃燒到竹架，火溫的控制是特別重要。

A 槽下方烤架— 烘烤時火比較小，溫度較低。

B 槽上方烤架— puaruarut a sapui（火舌直接衝到底），因此 火比較旺，溫度較高。

二、patjatjukudakuda tua kini vas 分類採收的山芋頭

1. patjatjukudakuda 分類

將所有田間採收的芋頭，集中在烤架旁邊做分類，把母芋、子芋、孫子芋等大、中、小分堆集中，利於上烤架。

2. peniliq ki sitaletalem [31] 挑選芋苗

分堆後的首要工作為挑選育苗，這工作是需要具有經驗的婦女來經手，若經驗不足容易誤判品種之外，亦會造成較少量的芋苗品種被遺落了，因而從此消失，等到田間芋頭長成時，才發現少了這些品種，沒有被種植到，只好等待隔年收成時，跟部落人借芋苗來栽種，萬一再也借不到該品種，會很遺憾了。

各品種均衡種植是有目的地，不會因為該品種特別好吃而大量種植，其它較不好吃的因此而被淘汰；每個品種屬性不同，特別好吃的芋頭，有時碰上年的脾氣，引來獨鍾喜愛該品種的病蟲害，一夕之間會讓田間芋頭消失，因而耐冷、耐旱、耐雨水或對某些病蟲害免疫的芋頭，各有其屬性必須被保留，為了保障隔年食物不短缺，特別會留意每個品種的芋頭，在自己田間的土地上不讓它們缺席。

3. ki sicuvucuvuq [32] 尋找芽點

① ki qaqedudan [33] 尋找母芋的芽點

kina（母芋）通常比子芋大，芽點多，採收時有些 pudek [34]
（肚臍－生子芋的芽點）還沒有發出，可以再埋入土中讓它
繼續發芽，這時必須慎重挑選適合下一季農作的母芋苗，為
它（母芋）切除身體損壞的部分，把最好的芽點保留。

② ki qedet [35] 尋找子芋的芽點

剛採集的大量芋頭中，有部分的母芋因生子芋而造成身體上
的殘缺因而殞落，會從子芋堆裡再選些新的子芋苗補充。
不同品種的芋苗必須再確認並分堆，利於種植時栽種區域
的分配，不致混淆。將整理好的芋苗暫時堆置在陰涼處，
用姑婆芋葉覆蓋，免於日曬雨淋，等待最佳時機再種回土
壤裡。

三、cemapa tua vasa 烘烤山芋頭

1. 過去時代沒有冷凍設備，用來儲存以延長生芋頭的鮮度，要存放家人足夠一年的芋頭食材，必須把剛採收的大量生芋頭急速烘烤避免腐爛，因此，烘烤芋頭是特別重要的一項工作，烘烤過的芋頭乾只要保持乾燥不受潮，儲存的時間可以很久，日後，炊食前取出適量的芋頭乾，再日曬一天即可煮食。剛採收的生芋頭只能維持半個月左右，其餘大量吃不完的需要烘烤，長久保存。

2. 有栽種芋頭的農戶不一定自家就會烘烤，烘烤是一項專業的技術，不是一般人可以經手的，猶如陶匠一樣必須熟悉火候的控制，才不會使陶作品燒壞，所以烘烤芋頭必須要有這方面經驗的人參與，也需要他們來建造烘烤架。

3. 生芋頭上了烤架，火苗點燃之前會在灶口行祭，祭拜火神……希望火的靈力能幫忙，讓烘烤過程順利，火焰要溫和一點，inika lemadjap（火舌不吞沒）烤架，不要讓芋頭 maqiyu（烤焦）了，火的溫度可以平均溫暖每一粒芋頭子，烤熟的香味可以讓火邊嬉戲的孩子們雀躍，等待年所賜予汗水的禮物。

可敬的火啊～熄了一點祢的脾氣吧！用一點點祢的熱讓寒冷害怕而退卻，足夠讓烤架上的芋頭們完成了生平僅有的一次淬煉，它們離開了生長的土壤，進入到另一個時空裡是依然存活的，以另一個形式進入到我們生命當中，可敬的火啊，請釋出它們的靈魂吧……。

4. pasa capan 上烤架

生芋頭上烤架後 pecungu a sangasangasan（第一次起火）稱之為 pasimatjaq[36]（火攜帶著有生命的芋頭），必須用大火來烤，而且均勻的分配火候，在烘烤的過程中，不時的去看看烤架最上方 qezet（壓板）下方 ⓒ 位置及角落，墊底的 kin（母芋）有沒有 maparu kinesa（猶如煮食 — 意指好比鍋中煮食芋頭一樣，用手觸摸是軟的），則表示該翻面了，翻面上下順位如圖所示：

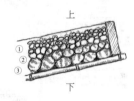

⊙ 第一次生芋頭上烤架時的排列順序：
① tjaqapipi（孫子芋）：sini lamud（覆蓋上層）
② picil（子芋）：pazapetj（覆蓋中間）
③ kina（母芋）：pataqetaq（舖設底層）

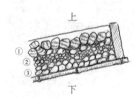

⊙ 最下層母芋約烘烤至六分熟時，翻面順序排列如下：
① kina（母芋）：sini lamud（覆蓋上層）
② tjaqapipi（孫子芋）：pazapetj（覆蓋中間）
③ picil（子芋）：pataqetaq（舖設底層）

· 上烤架時比較大粒的生芋頭放在 B 槽墊底，若太多再考慮放在 A 槽墊底，或留下一波再烘烤。

· 若懶惰的人顧火，往往會 maqiy（烤焦）或 mazeleng[37]（猶如水煮一樣軟軟的不會硬），意指烘烤的時候顧火者必須專心，要勤奮翻面烤架上各角落的芋頭，專注烘烤時的情況。

· 烘烤期間，必要採集很多姑婆芋葉備用，若天空忽然下起雨來，烘烤的芋頭來不及下架時，可以臨時遮雨用。

5. 該年度採收的芋頭多，上烤架的次數也會多，尤其小尺寸的烤架，若一個烤架來不及烘烤時，會到鄰近的芋農裡借烤架來烘烤。反之，若採收的芋頭數量少，不足以放滿一個烤架時，有兩種方式解決，其一，找其他芋農是否可以一起烘烤芋頭充其量，其二，將烘烤架格數縮小，其餘未上生芋頭的竹架空間，用姑婆芋葉舖設墊底，芋葉上方填土即可。ta veljengan（單格）的設計，方便烘烤時分開不同品種的芋頭，不至於混淆，和別人的芋頭一起烘烤時，易於辨認格數位置。

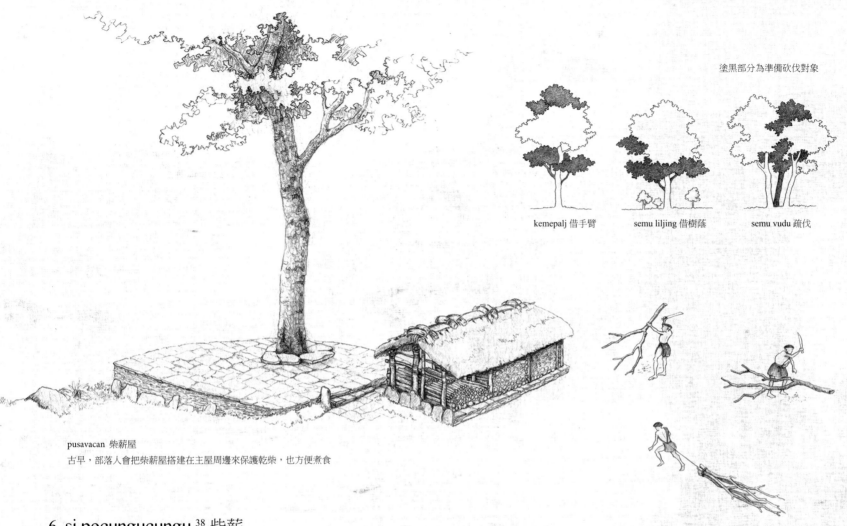

塗黑部分為準備砍伐對象

kemepalj 借手臂　　　semu liljing 借樹蔭　　　semu vudu 疏伐

pusavacan 柴薪屋
古早，部落人會把柴薪屋搭建在主屋周邊來保護乾柴，也方便煮食

6. si pecungucungu [38] 柴薪

過去時代，柴薪是重要的能源，如同現在的瓦斯一樣，部落每一個家庭都需要柴薪提供家人煮食、燒熱水及照明等，生活中離不開柴薪。芋農們到了年尾家家戶戶都要烘烤芋頭，可想而知，柴薪的用量比平時還要多出很多。採收芋頭前一個月（約9-10月），壯丁們會在自己田間周邊砍伐活的樹並留於原處，一個月的時間會促使木柴乾燥；砍樹之前必須向樹精靈行祭，說明 kikavulj（乞討）柴薪的緣由後才可以伐木，並遵照傳統伐木倫理進行砍伐。

風倒木的取得外，kemepalj（借手臂）、semu lijing（借樹蔭）及 semu vudu（疏伐），為三種砍伐方式取得柴薪；一棵生長茂密的大樹，其強壯的手臂（枝幹）形成一棵強大的 qeceng nua vali（擋風樹），當強風暴雨來襲時，因茂密枝幹所形成的擋風現象，強風吹襲下大力搖晃，往往會造成生長的土壤鬆動，大雨沖刷了已經鬆動的土壤，大樹會跟著倒下，成了一棵漂流木，因此，必須將過密的手臂（枝幹）切除（借手臂），保護生長的土地不流失。大樹過陰時，會造成底下小樹長不高，因此，必須將過密的手臂（枝幹）砍下（借樹蔭），讓小樹看見陽光。通常樹木因生長過密而造成彼此間遲緩長大，必須疏伐。部落人透過這種方式伐木，協助林間的樹木，讓彼此之間能更舒適的生長。向活的樹取下柴薪，應該採用公平的方式進行，樹精靈是可以接受這樣的互惠條件，並非砍盡殺絕。大家會節省柴薪的使用，把芋頭烤好。

四、penarat 芋頭乾去皮

1. mazazeliyuliyulj 換工

每逢到 kalja kivasan（芋頭採收季節－11-12月）時，部落的年輕人總是雀躍萬分，給寒冷的冬季填上了暖暖的氛圍，年輕人特別喜歡一起工作，尤其熱戀中的男女更加喜愛，她（他）們會在這個季節裡成群結隊，一對對、一群群的 kizeliyuljan（互換工），從這個農田到另一個農田，這個山頭到河對岸的另一山頭，輪著部落的芋頭田幫忙工作。

penarat（芋頭乾去皮）是很耗體力的工作，通常會在下午接近傍晚時分進行，陽光比較溫暖，正巧年輕人很喜愛這個工作，由她（他）們幫忙剛剛好。工作與嬉戲之間往往會不知覺的就天黑，也正合她（他）們的意思了；回家途中背著乾芋頭，手牽著情人的手，挑起火把小心翼翼的走在崎嶇難行的山路上，沿路留下了剛烤好的芋香味和談笑聲，累了回家真好。

2. penarat 芋頭乾去皮

從烘烤架上取下剛烘烤完成的芋頭，用 rive [39]（長型篩籃）裝好五分滿後，懸吊在 paparatan（去皮用的鞦韆架）上的 keli（搖繩），由二人各持一邊合力的前後推拉（有時二對二各持一邊），動作必須一致，讓籃子內的乾芋頭相互撞擊，趁熱進行芋頭皮比較容易脫落，長型竹篩會將大量的芋皮篩出籃子下方，前後堆拉動作配合著歌聲，持續約數十分鐘左右，進行中若疲累了，可以輪流替換接班，直到乾芋頭皮完全脫落才能停止。將篩好的芋頭乾倒入備好的籃子裡，再從頭取下烤架上烤好的芋頭，該動作重複至烤架上的芋頭篩完為止。

penarat（芋頭乾去皮），其字根源自於 peneret（擊碎）一詞，該詞常用於圓滑（滾）的物體上，因為別的需要而將它擊碎稱之，例如完好的竹子將它擊碎，變成竹片另作他用。它隱含著兩者之間的互動撞擊，會產生另一效果，男女間互動是否會產生好感或厭惡。penarat（芋頭乾去皮）隱喻著男女間的假面具必要拿掉（卸下）的意思，這項工作自古以來被部落人公認為男女情愛之間的專屬工作，寡婦鰥夫和小小「電燈泡」（小孩子）之外，通常已婚的人不再介入。

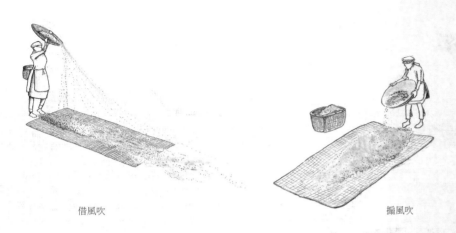

借風吹

搧風吹

3. pa vali 借風吹

river（長型篩籃）底部的 karimaca（網目），會從中掉落的不只是 lakalj （芋頭皮）而已，因芋頭乾相互碰撞而產生微粒的 palju（芋粉），和體型較小的 vened （剛出生的小子芋、孫子芋或玄孫子芋－烤好後的名稱），會同時篩出籃子下方混在一起，必須再一點一點的裝入 tjakaz（大圓形竹篩子）裡，站在容易受風的地方，將大圓形竹篩高舉，讓篩中的芋頭一點一點掉落在草蓆上 paval（借風吹），因芋皮很輕，容易被風吹遠，芋粉和小子芋較重會就近落地，使用該方式將皮和芋頭二次分離。

4. tjemapes 搧風吹

為去皮的最後一個動作，將借風吹過的芋粉和小子芋，再次裝入vucekulj（中圓形竹篩）中上下搧去，讓存留的少許芋皮和烤焦的芋粉去掉，做最後一次的篩選工作。借風吹和搧風吹之去皮方式，經常被使用在農事與食物加工上，例如五穀雜糧去皮去糠，或搗米搗芋粉等大小粒子分離的工作，經常被使用。

5. peniliq、patjatjukudakuda 挑選、分類

將全部篩好的大、中、小芋頭乾、芋粉，集中在大型的 sekam

（草蓆）上，做最後一次的挑選和分類，大致可分為五大類：

① vened 剛出生的小芋頭或因去皮時擊碎的小芋頭乾。

② qucequc 一般備用芋頭乾零嘴。特別挑選烘烤漂亮而且品種較好吃的芋頭乾備用，做為日後的零嘴。

③ aradj [40] 較為一般的芋頭乾。準備清煮用的食材，該數量為最大宗，作為清煮食材備用之外，日後需要的零嘴或芋頭粉，會從中再次挑選。

④ palju 芋頭粉。另外會從 aradj （較為一般的芋頭乾）當中，再細選烘烤後容貌難看的、品種本身吃起來比較會癢的、比較不好吃的，會挑選出來做為日後搗成芋頭粉的備用食材。

⑤ piniliq a qucequc 特別細選的上等芋頭乾零嘴。這種上選芋頭乾數量不會太多，準備送給親家或喜歡的女朋友做為寄情物，當成是年度芋頭田的分享禮。部落裡的農戶，不一定全數有種芋頭，有些家庭只種穀類，小米、玉米、紅藜等雜糧，有些家庭只種地瓜、木薯、南瓜等球莖類或瓜類作物，也有些是獵戶家庭，山肉很多，芋農們會用芋頭乾交換，一隻山豬腿、一簍子小米或一個南瓜等，各家庭以物易物的方式交換，將年度採收的不同作物，依各家庭的需要拿來做交換。

6. sikicavucavu 護身物

對一個婦女來說，工作時的護身物件格外重要，從頭到腳有一套保護措施，避免工作時身體受傷，全身穿著工作服之外，雙手、雙腳和頭部為暴露的部分，會特別加以保護，會使用 quleng（布頭巾）矇面、sikicavucavu（葉片及纏繞布條）護手、cacavu（綁腿布）護腳等來保護這幾個部位，全身遮護只露出眼睛。去皮時空氣中會瀰漫著芋頭的 qalameljan [41]（粉末），皮膚碰觸到容易發癢過敏，所以婦女們會特別小心保護自己的身體。男生比較不會在意，上身打赤膊工作也無妨，反正背部癢抓不到，有女朋友幫忙抓癢就是了。

① sikicavucavu ka sicuayan 古早時代的護具

- 包紮材料
  livaljeq 海州常山樹葉、put 鐵莧樹葉
  lipelip 細布條（碎接布），寬約 10 cm x 長約 150 cm

  cinalis　litjelitj－捻芋蔴線約與細牙籤同粗，長度約 2 m（單手）

② sikicavucavu tua lima 護手套

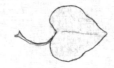

- 葉片與布條包紮順序
  由小指和無名指包在一起，再中指、食指、大拇指、手背、手心，於手臂處打活結。手指頭用半片葉子包紮比較適合，不會太大，手背、手心及手臂用全張葉片，打活結處栓到內側不致鬆脫。

  用葉片先包紮於內層再以布條包紮於外層再以細蔴繩纏繞，將葉片與布條捆綁紮實不至脫落。

③ sinikicavu tua vutevutan－護腿

- put 鐵莧樹葉包於內層
  qainguai sini cavu yi pavavau 姑婆芋的葉子包覆外層
  sini litjelitj kavaudian 葛藤纏繞

④ palisiyan 相關禁忌

- nakuya kitjapisen nua uqaljaqaljai a sikicavucavu nua vavayavayan 男人不可以觸碰女人用的護具
- nakuya lakeculjen na pakavavau a sikicavucavu maveljang 男人不可以從護具上方跨過，會傷及陽剛之氣
- nakuya nakicavu sa kilinguljan na keman tua uqaljaqaljai（kicavu tua kula yikamakuda）女人護著手，不可以與男人共餐（護腿可以）

五、seman palju 製作芋頭粉

1. maisu seman palju 搗芋頭粉

過去時代，部落裡每個家庭大都會有儲存芋頭乾的習慣，它猶如戰備糧一樣重要，平時備用，萬一遇上颱風或連日大雨不能出門時，方便煮食。

芋頭粉是由芋頭乾搗碎而成，家人若想要煮芋頭粉，從穀倉中取適量的芋頭乾，先曬過太陽後，即可放入木臼裡搗碎，除霉提鮮外，比較容易搗成粉。

2. semara 篩芋粉

搗好的芋頭粉需要再篩過，竹篩子網目大小可以自己決定，芋頭粉粒平均篩出自己想要的大小，太大篩不過的再倒入木臼中繼續搗至均勻為止。

3. parimasudj [42] 儲存

若擔心連續雨天，芋頭乾不能日曬，平時會多搗些芋頭粉備用，儲存容器必須具備防潮功能，如陶罐、葫蘆等，通常會放至在家中灶的上方或懸掛木樑下保存，較不易受潮。

4. maisu [43] 搗工

芋頭粉、玉米粉、小米粒及旱稻去殼搗粉等煮食前的 maisu（搗工），是小孩子或青少年的工作，家務分工上有這樣的默契，除非家庭沒有小孩。孩子可以透過搗工和別人換工的方式，培養個人的人際關係，小孩若經常幫助別人則朋友會很多，家務中的maisu（搗工）自然會有很多人願意幫忙。

34

六、supiq 芋頭梗

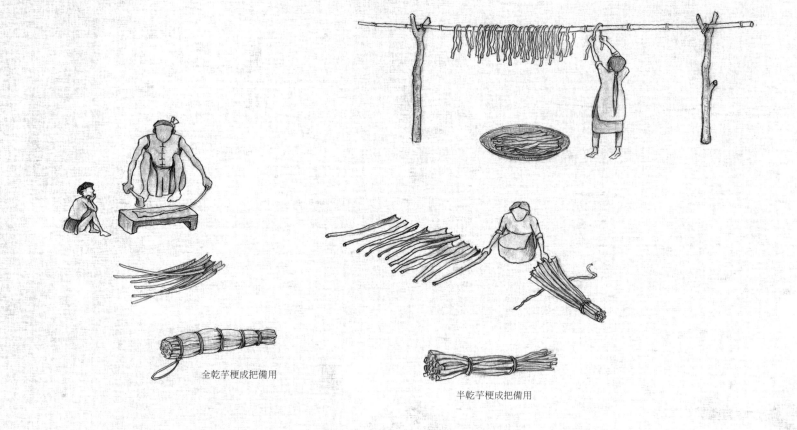

全乾芋梗成把備用

半乾芋梗成把備用

1. **matjaq a supiq 新鮮芋梗**
   可以直接煮食、涼拌、配菜或作為糕點的內餡皆可。

2. **linaic a supiq 半乾芋梗**
   新鮮的芋梗數量多，兩、三天內吃不完時，可以用日曬的方式將芋梗曬至半乾後，綁成把備用，可以維持一段時間。

3. **kuzing 全乾芋梗**
   這種處理方式通常是秋末冬初芋頭採收季節，才會出現大量的芋梗，短期內無法消化完，分送給親友外，其它則用這個方法保存。

   ① 日曬之前，必須用木槌將新鮮芋梗稍微搗碎（不讓它斷掉，齊頭尾比較好綁）

   ② 將搗好的新鮮芋梗充分日曬到全乾，再綁成把保存備用，可以維持數月不腐壞。

4. 乾燥過的芋梗，煮食前最好再曬過提鮮，切塊煮食。

七、asau nua vasa 芋頭葉

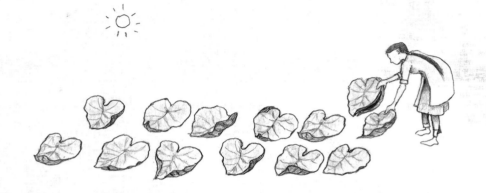

半乾芋葉保存備用

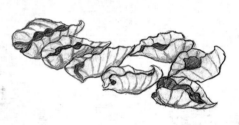

全乾芋葉保存備用

1. **linaic asua nua vasa 半乾芋葉**

   將新鮮芋葉日曬至半乾，使它變軟（還保有部分水分在芋葉內），再一片一片疊起後綑綁成把備用。

2. **saljai 全乾芋葉**

   將新鮮芋葉日曬使它完全乾燥，再一片一片的用手捏碎（碎片大小約5mm左右），集中儲存在罐子裡備用。前面這兩種加工方式，決定了保存的時間長短，半乾芋葉保存時間約一個半月左右，而全乾芋葉則可以保存約半年以上（不受潮的環境下），煮食前先日曬過提鮮即可，因為會癢大都不吃新鮮葉子，必須日曬處理才可以，不像芋梗，有些品種可以新鮮煮食。

3. 平時芋葉和芋梗的食材取得很方便，需要時田間採了幾支梗葉即可煮食，提供了芋農每日少量的佳餚，不像芋頭一樣，要等到採收期才會有豐富的新鮮芋頭吃。

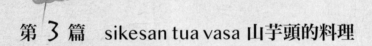

第 **3** 篇　sikesan tua vasa 山芋頭的料理

一、sian qavaqavai 製作糕點之相關材料

1. si cavucavu tua qavai [44] 糕點使用的包葉有兩種不同用途如下：

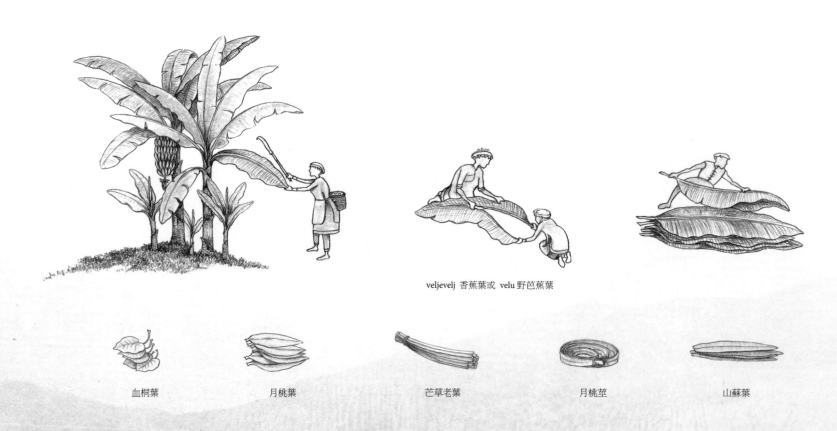

veljevelj 香蕉葉或 velu 野芭蕉葉

血桐葉　　　月桃葉　　　芒草老葉　　　月桃莖　　　山蘇葉

① 芋頭糕點外層包葉－不可食

外層的包葉其功能是保護內層的嫩包葉及食物，不至於煮食時解體。在選料上也要配合糕點本身的口感合一，不是每一個包葉都適合。芋頭糕點本身適合的外層包葉有以下幾種：

- asau nua vau navulung 血桐老葉
- asau nua ngat 月桃葉
- qacusal nua ngat 月桃莖
- asau nua ljaviya navulung 芒草老葉
- asau nua veljevelj 香蕉葉

- asau nua velu 野芭蕉葉
- asau nua lukuc [45] 山蘇葉

以上約七種。外層包葉當中有一種是月桃莖，不是葉子，它和芒草老葉一樣，特定用在比較細長形的糕點包裹上，其功能是固定糕點，不至於因細長而斷掉或變形。血桐老葉外，其它包葉在使用前，通常會先 ljemetul [46]（川燙），一下晾乾後再使用，較為 sulaic（柔軟）不會因 maludemud [47]（脆），包裹時容易撕裂。

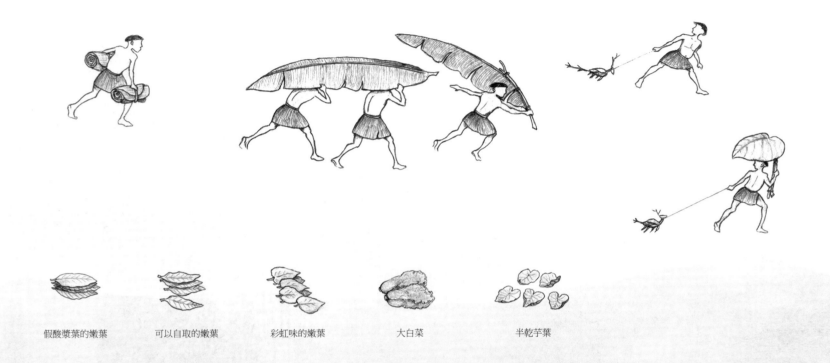

假酸漿葉的嫩葉　　　可以自取的嫩葉　　　彩虹味的嫩葉　　　大白菜　　　半乾芋葉

② 芋頭糕點內層包葉－可食

　原野間會採集特定的葉子來包裹糕點，因為包於內層的關係，直接和糕點接觸，食用時不會再剝下，避免糕點散落或黏手，也因為包葉本身和糕點相配，吃起來好吃，所以直接以該葉子包於內層。如下：

- ljavilu 假酸漿的嫩葉
- asau nua makataljap 可以自取的嫩葉
- asau nua ljivanger 彩虹味的嫩葉
- ljaceng 蔬菜（較大型葉片皆可）

- asau nua vasa 半乾芋葉（特定品種的芋葉）

不同的糕點會選擇適合的內層包葉，這是依糕點本身是否與包葉口感相稱而決定，例如：顆粒的旱米糕就不適合假酸漿葉，而是用嫩血桐葉包裹，糯白米糕和半乾芋葉吃起來的口感不搭，假酸漿葉卻適合，芋頭糕點不適合嫩血桐葉，味道怪怪的，血桐葉只能外包用等等。以上五種為芋頭糕點適合做為內層的包葉，其他的部落或許還會有不同的發現，期待分享。

2. vengetj tua cinavu si litjelitj 纏繞糕點的繩索

芋頭糕點用來纏繞的繩索有數種，如下：

　・lekelek 苧麻捻線　　・velu 野芭蕉莖捻線　　・viljuaq 山芙榕皮捻線　　・ngat 月桃莖　　・valjevalj 山棕葉

取下山棕葉的嫩葉

取下山芙蓉皮

只要是包葉的糕點一定需要細繩子纏繞，才不會鬆散。山棕葉的嫩葉和月桃莖，為一般家庭煮食糕點時最常被使用的繩子，這兩種繩子不長，用在比較細小的糕點纏繞是很足夠的，但若用在比較大型的糕點，其長度是不夠長的，必須要兩條線以上連結才可以。平常自家人吃比較無所謂，不計較其美觀，若是正式禮數，則必須用更好的繩子來纏繞較為慎重，山芙榕皮、野芭蕉和苧麻皮其纖維可以捻成很長的細線，禮數中的糕點，會使用這種特別的 calis（繩索）來包紮以示慎重。

捻芋麻線

剖月桃莖取線

3. si litjelitjan tua qavai 糕點纏繞的方式

年度大祭時各家庭所製作的糕點種類繁多，特定儀式裡會把各種糕點集中獻祭，為了便於分類，全憑包裹葉和繩索纏繞型式來判斷、識別，是什麼作物的糕點，該禮數去向於那個輩分家族。

糕點以繩索纏繞的方式有所不同，在年度大祭的分享禮數中，贈送給不同輩分的家族，會以不同的方式纏繞，利於區別之外，也搭配著該家族輩分來饋贈。

包紮線纏繞方式如下圖，這三種不同 si litjelitjan[48]（纏繞方式），代表著部落裡這三大家族輩分的象徵。

① 分送給部落創始家族的糕點，以 linakeculjan（跨過紋）的方式纏繞

② 分送給部落太陽家族的糕點是以 tjinalikan（交叉紋）的方式纏繞

③ 分送給部落土地家族的糕點，以 ljinaicikelan（來來去去紋）的方式纏繞

烤溪魚

41

二、qavai 糕點

1. vasa djinukul 芋頭糕

已削皮的芋頭

葷餡

芋泥倒入圓竹篩中揉成長條形

素餡

搗芋糕

純芋頭糕是糕點類中最容易做的一道食物，煮熟的芋頭搗成芋泥也容易，不像其他糕點混合了其他食材比較難於搗均。純芋頭糕在田間工作時，比較容易吃到的糕點。

有一首山上小孩常唱的古老童謠 ...djukudjukuli ta tarukungkung qivu ti qina tjanuaken sau kigangu... 我們搗著大陸公公，媽媽對我說，去抓螃蟹吧……。

這首歌述說著斜坡上的芋頭田，和溪裡的魚、蝦、螃蟹豐富不匱乏。

① 已削皮的山芋頭煮熟後放入 valangu [49]（渴望－直立式木臼）中，搗成芋泥。

② 臼中的芋泥倒入大型的 tjaka（圓竹篩）之前，竹篩必先塗抹 sima [50]（動物脂肪）避免黏上。倒入竹篩中的芋泥用雙手 lemisalis [51]（揉成長條形），包餡後切割成小塊食之。

③ paluveluv [52]（內餡）有兩種：

a. 全素：新鮮芋梗、豆類、菇類等。

b. 葷食：烤山肉、魚蝦、蜂蛹或鯖魚罐頭配青蔥等。

④ 包葉：搗好的糕點，為了避免黏手會用香蕉葉，月桃葉或山蘇葉包裹方便吃。

42

2. yinuming 小米半乾芋葉糕

去魚骨刺

① 將 qinemu [53]（磨好的小米粉）取適量放入竹篩中，加一點鹽和水一
  起攪拌成黏稠狀。
  和小米粉可以一起攪和的佐料有兩種：
  a. 全素食－碎香菇、碎芋梗或其它青菜、豆類
  b. 葷食－已去骨刺的烤魚或碎肉
  以上兩種佐料任其選擇，加入黏稠狀的小米粉當中一起攪拌。
② 取一小量已拌好佐料的小米粉，放在半乾芋葉中攤開成薄薄一片，
  做好的三片後，一起疊起，再捲起，最後用細繩索捆綁成條狀。

③ 放入蒸桶裡 ljemetul（蒸煮）即可。
④ 煮好的小米半乾芋葉糕，搭配樹豆湯（素食）
  或溪魚、溪蝦湯（葷食）皆可。
⑤ 包葉：
  a. 內層包葉：半乾芋葉
  b. 外層包葉：無

3. qinuac 小米半乾芋梗糕

動物皮

半乾芋梗切塊

① 取適量的小米粉倒入竹篩中，加一點水和鹽巴，一起攪拌成黏稠狀。

② 取適量已拌成黏稠狀的小米粉放在準備好的假酸漿內包葉上，攤開放入配好的內餡佐料後裹起，外層再以血桐葉包裹，用細繩索纏繞綑綁成條狀後下水清煮。

③ 內餡任其選擇有兩種：
　a. 全素食：新鮮半乾或全乾的芋梗、豆類、菇類或青菜。
　b. 葷食：烤溪魚、溪蝦或動物皮。

④ 煮好的芋梗糕搭配樹豆清湯、樹豆排骨湯或溪魚、蝦湯皆可。

⑤ 吃法的名稱 qinuac（吃到筋之意）
　顧名思義，是小米粉及未切塊的半乾芋梗及動物皮為內陷，考驗個人的嚼勁。

⑥ 包葉：
　a. 內層包葉：假酸漿葉
　b. 外層包葉：血桐葉

44

4. veljevelj katua vasa djinukul 香蕉芋頭糕

半熟香蕉

花生

煮熟的香蕉和芋頭一起搗成泥

蒸煮時香蕉置於上方芋頭放在下方

炒花生

炒好的花生搗成粉

① 取適量半熟的香蕉串和芋頭一起蒸煮，煮熟的香蕉和芋頭剝皮後，一起倒入木臼內搗成糕。

② 同時另一鍋子 remingiring [54]（炒）了花生並搗成粉備用。

③ 將臼中搗好的香蕉芋泥倒到草蓆上，倒之前草蓆上必須先塗抹 sima（動物脂肪），撒上少量的花生粉，避免香蕉芋泥黏著於蓆子上。

④ 香蕉芋泥倒入草蓆上後，用雙手前後搓揉成長形條狀，條狀中間剝開，放入事先已煮好的內餡。包好內餡後切塊，用備好的大白菜完全包裹，再以細繩索綑綁成條狀，最後用蒸桶再蒸煮片刻即可。

⑤ 內餡可分全素與葷食：

a. 全素食：菇類、豆類、芋梗類等

b. 葷食：肉類、魚蝦類、蜂蛹類等

⑥ 包葉：

a. 內層包葉：大白葉

b. 外層包葉：香蕉葉或選擇不包

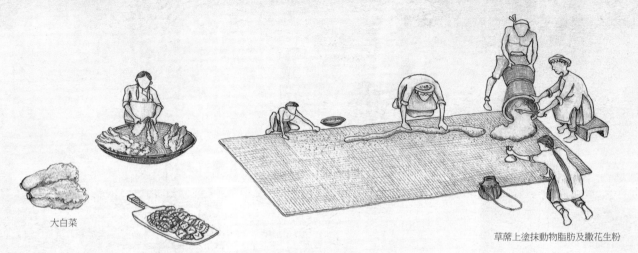

大白菜

已去骨刺及殼的魚、蝦、蟹內餡

草蓆上塗抹動物脂肪及撒花生粉

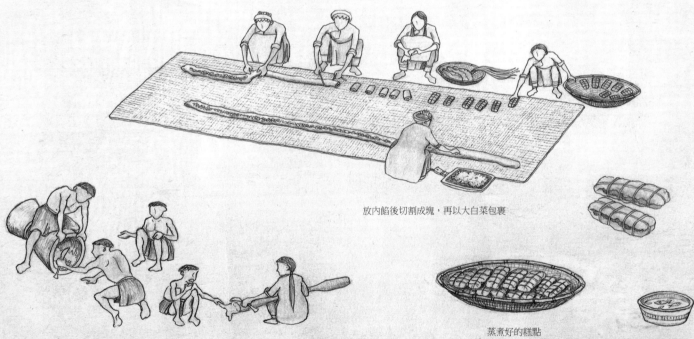

放內餡後切割成塊,再以大白菜包裹

蒸煮好的糕點

全素或葷素的湯

香蕉芋泥倒到草蓆上後,留在臼和杵上的糕點,小朋友最喜歡 semudjengec(清食)

5. padai katua vasa cinuljuk [55] 糯米芋頭糕

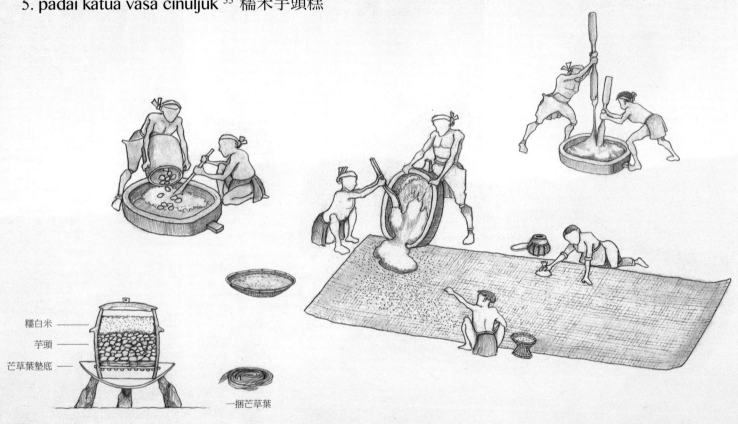

糯白米 ——
芋頭 ——
芒草葉墊底 ——

一捆芒草葉

① 糯米芋頭糕使用的食材，為上選的芋頭和 mairaljum [56]
（旱糯米）份量各占一半，蒸桶內底層用芒草葉墊底，
避免旱稻米漏掉。將備好份量的山芋頭削皮（若太大必
須切塊易於煮熟），放入蒸桶的底層，糯米煮食前必須先
putjabur [57]（泡水）一晚，濾過後再放入蒸桶的上層一起蒸
煮，蒸熟後即可倒入 drangalu（船型木臼）裡搗糕。

② 搗糕是一件非常耗體力的工作，尤其搗至黏稠狀時，木
臼與木杵之間會被糕泥纏黏住，有強大的拉力，需要相
當力氣去對峙。在尚未冷卻之前就必須搗好（冷卻後更
難搗），是時間與耐力的比賽。

③ 木臼中已搗好的糕，要倒之前必須先把草蓆表面塗抹動物油脂，避免黏於蓆子上。再將搗好的糕泥，用手推揉成長形條狀後，包入配好的內餡，繼續推揉成需要的粗細即可。將做好的長條形糕點，小心的放入大型竹篩中 tjinuku [58]（呈現圓滿）的形狀，猶如 patjaljinuk（聖水滴）的漣漪一樣，象徵家族擴張與繁衍。另外也象徵百步蛇捲曲姿勢，具有守護的意涵。

④ 包入糕點的內餡有素食與葷食的選擇
　a. 素食：炒花生粉、豆類配薑泥、菇類或蔬菜等。
　b. 葷食：鯖魚罐頭炒青蔥、去刺烤魚、蝦、山肉或蜂蛹等。

⑤ 包葉
　a. 內層包葉：無
　b. 外層包葉：山蘇葉（避免黏手）

搗糯米芋頭糕點的季節時，走在部落的石板街道上，容易聽到各家庭傳來的搗糕聲，強壯的年輕人會不吝嗇他們的力量，會自動去協助需要幫忙搗糕的家庭，尤其沒有壯丁的家庭更需要這股力量，來完成這土地給予汗水慰勞的糕點食物。一年有兩個季節會製作這種糕點，一為夏季，palisilisi（年度大祭）前的準備工作（約6、7月）稱之 kasu vaquan [59] 小米收割結束之意；在世上家族和已故的祖先們（祖靈）maqepuqepu（團聚）pakilingulj [60]（聚餐）。另一為冬季（約11、12月），家人及本季芋頭田工作的參與者一起maqepuqepu（團聚）pa kiljavak（擁護 聚餐）。幫忙過的、換工的、提供種苗的、借過工具的等等……都得邀請一起享用，人員到齊後，家人會將百步蛇身的糕點，依照參與的人數做切割，每人必須分到一塊，以示領受了來自土地的分享和百步蛇精靈的守護。一個家庭至少會做五條以上捲曲糕點（視當年來幫助的人數多寡）。沒有來的人，她的家人代領

或以山蘇葉包著糕點，由家中小孩子們將慰勞汗水的福份送達，這也象徵鞏固著相擁護的力量。

部落裡已不勝體力的年邁老人或疾病纏身、殘疾之人，更是需要領受到這個福分，其意義深遠，給冬天寒冷的老人及需要的人，一句問候，一份關心。因為我們知道，入秋冬末是老人及殘疾者熬日的季節。

秋末冬初的時候正逢是 mairaljum（旱稻）收割和 puvasan（芋頭田）採收季節。早熟的旱稻十月底到十一月初就已經收割了，但是禁止煮食會遭天譴，一直要等到有農戶採收芋頭後，旱稻才可以煮食，這個季節已經到了11月下旬至12月底，只要是有採收旱稻或芋頭的家庭，特別會製作這一年一道被等待的食物，mairaljum（旱稻）和 vasa（山芋頭）搗出的糕點出現時，表示宣告一年的芋頭農務結束了。

烤魚餡

溪魚

6. kisasaba katua vasa djinukul 木薯芋頭糕

kisasaba 寄放心情的地方之意（木薯，又稱樹薯），其字根源自 kisasan（散心處）。kisasaba（木薯）、vurasi（蕃薯）和 vasa（山芋頭）這三種作物被部落人譽為「土壤裡的聖糧」，非常耐乾旱，再貧脊的土地也會生長，尤其木薯繁殖力強，是長年不缺的重要食材，為古早時代重要的食物來源之一。

kisasaba（木薯）大致分為兩類，一種為紅梗塊根的 qalum（內層皮）是紅色的，另一種為淡綠色的梗，內層皮呈象牙色，兩個品種其肉質（食材部分）皆為白色，qaljice（外層皮）都很粗糙，一般肉眼容易辨識，前者紅梗，紅內層皮，是可以做為食材的品種，後者，部落人禁止採食－毒性強。

① 塊根和嫩葉為主要食材，採集到的塊根必先剖皮，取下肉質後清洗，去除部分汁液後，切成大塊後下水清煮，或削成籤搭配其他蔬菜一起煮食。

② 其嫩葉會以 lemaic（太陽半日曬）的方式除去部分的汁液和水分，捆綁成把備用。

③ 木薯和山芋頭一起煮食，搗成糕點非常搭配，部落人很喜歡，吃起來 sukevic（特別的香味），亦可以加一點糯米一起搗，味道也很特殊。

④ 木薯和山芋頭經過剝皮後，大塊的放入蒸筒內一起蒸煮，煮熟後倒入木臼中搗成糕，之後，其工序和糯米芋頭糕一樣倒到草蓆上，揉成長型狀內包餡食之。

⑤ 內包餡依自己的喜愛選擇：
a. 素食：菇類、豆類、芋梗類等
b. 葷食：肉類、烤魚蝦類、蜂蛹類等

包葉：
a. 內層包葉：無
b. 外層包葉：山蘇葉、
   月桃葉（避免黏手）

葉子食材

外層皮
內層皮
肉質（食材）
肉質中間的心
根

剖半清洗過的食材

切塊

剝皮

木薯食材（塊根）

50

7. ljinaviluan 芋頭乾粉粽

假酸漿葉

① 取適量的芋頭粉放入竹篩中，加一點水和鹽巴一起攪
拌成黏稠狀，再將配料加入芋頭粉內一起攪拌。
配料有兩種如下：
a. 全素：芋梗、花生、長豆、香菇等
b. 葷食：五花肉、獸肉等

② 取一小量拌好配料的芋頭粉，放在嫩假酸漿包葉裡，
包裹成條狀，外部以半截的芒草葉或月桃莖包覆，以
細繩纏繞綁緊。

③ 放入鍋中煮食或用蒸桶蒸煮皆可。

④ 已煮好的芋頭粉粽，可以搭配薑絲及樹豆湯一起吃。

⑤ 包葉：
a. 內層包葉：假酸漿葉
b. 外層包葉：芒草葉及月桃莖

51

8. na maqeci ya vasa linuveluv　太陽打敗芋頭隨意糕

將削皮的生芋頭，經日曬至全乾後搗成芋粉，儲存備用

可以自取的嫩葉

彩虹之味的嫩葉

溪魚、蝦去刺去殼作為葷餡

① 被太陽曝曬過的生芋頭削皮後，繼續曝曬數日，使它完全乾燥，放入木臼中搗成芋粉儲存備用。

② 煮食時，將日曬的乾芋頭粉放入竹篩中，加一點水攪拌呈黏稠狀，攪拌均勻後，取適量放在包葉上攤開，放入內餡。先用內層葉包裹，再以血桐葉或月桃葉外層包覆，以繩索纏繞綁緊即可，糕點包的大小依個人決定。

③ 糕點內的餡有兩種選擇：

a. 全素食－花生、芋梗或其它豆類、青菜

b. 葷食－去刺烤魚、蝦或肉類

④ 內層可食的包葉有兩種可以選擇：

a. ljivanger 彩虹味的嫩葉

b. makataljap 順便拿去的嫩葉

這兩種包葉各有其獨特的香味與口感。

⑤ 外層不可食的包葉亦有兩種：

a. 月桃葉

b. 血桐葉

這兩種包葉亦有不同的香味和口感任其選擇。

三、vasa tjinaljimuas 山芋頭下水煮

1. na maqeci ya vasa tjinaljimuas 太陽打敗芋頭下水煮

農地裡常會有暴露於地表上，被陽光過度曝曬而萎縮的芋頭，這種芋頭被稱之 na maqeci tua qadau（被太陽打敗）。

每年8、9月是旱稻播種的季節，播種前會有一次針對著芋頭田而除草的工作，稱之為 remaedre（刮地皮），這個季節的芋頭子已長大了，有些會暴露於地表上，因而，除草之際順便把周邊泥土刮起，覆蓋芋頭的根部，不讓暴露於地表上的子芋被太陽曝曬，除草後的地表，種植旱稻也比較方便。在廣大的芋頭田裏，有些子芋會被遺漏沒有被泥土覆蓋到，在強烈的陽光下容易被曝曬而枯乾，食物是極珍貴的，這種被曝曬過的芋頭也要採收，因而有了這一種煮法。

曝曬過的芋頭和 vukuc（山藥）、varar（大薯山藥）一起煮食很搭配，這兩種山藥，芋農習慣種植在芋頭田的周邊，容易取得。

① 將芋頭洗淨後放入鍋中墊底，vukuc（山藥）、varar（大薯山藥）可以選擇一種或兩者都一起煮，放在第二層，玉米放在第三層，再以血桐葉覆蓋於上方，以小石塊壓住當成鍋蓋，加適量的水一起煮食。

② 煮至約 9 分熟後，掀開血桐葉，把準備好的萵苣菜或其它野菜、長豆等，放在最上方，再蓋回血桐葉小石塊壓住，煮到全熟後起鍋。

③ 可以選擇樹豆湯搭配。樹豆湯的煮食方法如下：
將樹豆泡水半天或一晚上，讓它變軟，和樹豆一起煮食的食材有多種：搗碎的生薑、香菜、青蔥或肉類、排骨等等，加一點鹽巴即可。另一種煮食為單一樹豆清湯，不加任何酌料，不加鹽巴，非常清淡。

④ 生薑切片沾鹽，搭配烤溪魚一起食用。

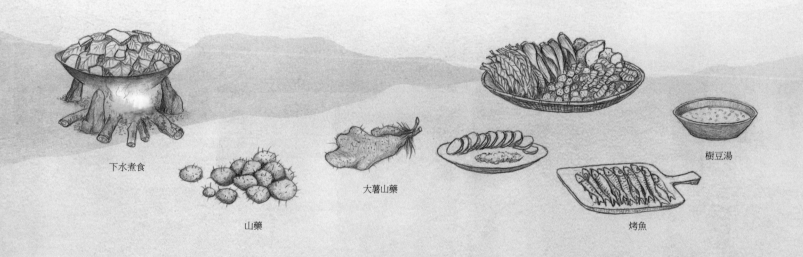

下水煮食　　山藥　　大薯山藥　　烤魚　　樹豆湯

2. tjauka vasa tjinaljimuas 初見太陽芋頭下水煮

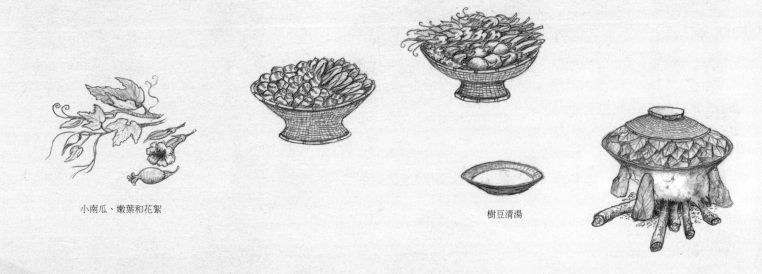

小南瓜、嫩葉和花絮

樹豆清湯

tjauka vasa （初見太陽的芋頭）不常有，只有短短的春季（4～5月）才有機會吃得到，農田裡所種植的芋頭作物，到了這個季節大致上都初長成，開始生子芋，會在這個時候 masik（除草），順便為田間種植的作物做 venucevuc（耙梳），把 na mavalid（生長過密）的芋苗移栽至 na malua（生長稀疏）的地方，把南瓜莖 venengeliv（強行改變攀爬的方向），不要往芋頭生長的方向爬，玉米生長節數過密需要 venurariq（借苞）等等，被耙疏的山芋頭，被改變攀爬方向的南瓜，被借苞的玉米等作物，會產出嫩芋頭、小南瓜、南瓜花絮、嫩

玉米和田間種植的嫩生薑等等，因此會有些 tjauka talem （初見太陽的幼子）食物產生。

① 剛出生的小子芋和嫩玉米，一起下水煮，以血桐葉及小竹篩蓋起燜煮至8分熟後，掀開蓋子把備好的幼南瓜、花絮或其它豆類野葉放在上方，蓋回蓋子煮熟即可。

② 素食－搭配樹豆清湯，嫩薑切片沾鹽或沾醬油。若有炒花生粉，也可以當成佐料撒於嫩南瓜上。

③ 葷食－煮魚湯、或山肉加刺蔥、生薑樹豆熬煮排骨湯等。

3. cineviqan na vasa tjinaljimuas 給了你半個芋頭下水煮

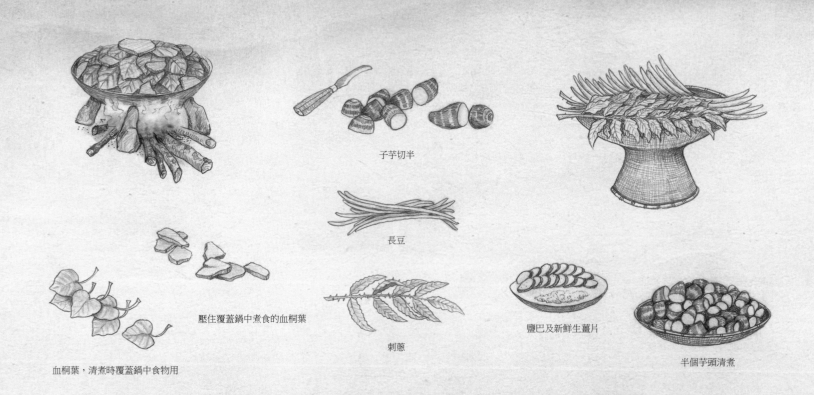

子芋切半

長豆

壓住覆蓋鍋中煮食的血桐葉

刺蔥

鹽巴及新鮮生薑片

血桐葉,清煮時覆蓋鍋中食物用

半個芋頭清煮

① 挑出比較長的子芋,不用削皮直接切對半,和 tjanaq（刺蔥）同時下水煮,目的使刺蔥的香味比較容易進入剖半的子芋頭裡。

② 煮到 8 分熟後再將備好的長豆或其它野菜如 samaq（萵苣菜）、sameci（龍葵）等加入煮食即可食用。

③ 素食與葷食的差別在於湯和其它酌料：
   a. 素食－切片生薑沾鹽巴或青蔥醬油配蒜頭、清煮樹豆湯加香菜及碎生薑。
   b. 葷食－烤溪魚、山肉或樹豆熬排骨加碎生薑。

4. ljasiyak katua vasa tjinaljimuas 南瓜芋頭下水煮

取魚內臟

南瓜山蘇葉清煮

煎過魚內臟

烤魚

煎魚內臟

清煮子芋頭

花生粉

① 生芋頭和南瓜同時下水煮，煮食前將南瓜去子並切塊，芋頭放底層，南瓜放芋頭的上面，煮至8分熟後再將備好的嫩山蘇葉或其它蔬菜加入，煮熟後起鍋。

② 已煮好的南瓜和嫩山蘇葉單獨放在竹篩子裡，將煎過搗好的花生粉 lemacak（撒）在上面，吃起來味道很特別。

③ 花生粉製作：生花生日曬乾燥後，去殼放入鍋中和少許的鹽巴一起 remingiring（煎烤），冷卻後倒入臼中搗成粉，將花生皮去掉後備用。

④ 煎溪魚內臟：平時捕獲到的新鮮溪魚，將內臟取出加一點鹽巴用小火 kemingking（煎至乾燥）後起鍋（猶如煎蛋餅一樣），儲存在小陶罐或竹筒中備用。平時煮湯或清煮食物時，取出適量放入湯裡攪拌即可提味，亦可做為拌醬的酌料，苦中帶甘。

⑤ 素食與葷食：

a. 素食：清煮子芋頭、清煮南瓜撒花生、清煮嫩山蘇葉和其它蔬菜、清煮樹豆湯、嫩生薑切片沾鹽

b. 葷食：樹豆排骨湯、烤魚生薑湯、山肉

5. aradj pina tivetivan 芋頭乾滴油下水煮

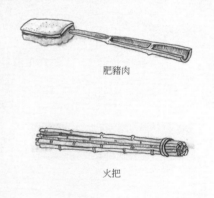

肥豬肉

火把

將滴過油的肥豬肉切片放入鍋中

① 取適量的芋頭乾日曬半天提鮮，取適量的樹豆浸泡半天，兩種食材放入鍋中，加少許的碎生薑一起煮食，約八分熟後，將備好的蔬菜、豆類等放入鍋中，改用炭焰小火慢煮。

② 取一塊約與大人手掌大的肥豬肉，用生竹子穿過，點燃備好的竹子火把，將肥肉放在正煮食

鍋子上方燒烤，讓肥肉的油脂滴下，燒烤至肥肉油脂收乾為止，燒烤時要不斷的將肥肉翻面免於烤成焦黑。

③ 將燒烤的肥肉切片，放入芋頭飯裡一起攪拌（鹽巴可以自己選擇要不要加），蓋回鍋蓋再燜煮片刻即刻起鍋。

6. drulji katua vasa binuljukui 蝸牛芋頭下水煮

小白菜

芋頭削皮砌塊

生蝸牛

蝸牛肉

生蝸牛下水煮，去殼較容易

① 將野地裡撿拾的鍋牛洗淨後下水煮食，滾燙後起鍋，把肉和殼分開（若不先煮過肉與殼很難剝離），其餘的殼與內臟不要。

② 備好的生芋頭削皮後下水煮至6分熟後，將去殼的蝸牛肉和生花生加入，煮至9分熟時，再將備好的小白菜或其它蔬菜、豆類等加入鍋中煮至全熟。

③ 生薑切片沾鹽巴等佐料一起吃，另有一番風味。

7. aradj tjinaljimuas 芋頭乾下水煮

儲存樹豆的罐子

樹豆

芋頭乾

半乾或全乾芋梗切割

① 芋頭乾直接下水煮為最常見最為普及的煮食方法，家人一餐夠吃的量從芋頭乾存糧中取出，因長時間的儲存，最好先拿到戶外日曬可以提鮮。比較常搭配的佐料是 puk（樹豆），樹豆煮食前最好先泡水一晚或半天。讓它變軟，最常搭配的野菜是 valjangatju（但願朋友）的嫩葉，這三種食材一起下水煮非常搭配。

② 芋頭乾和樹豆下水煮至7分熟後，將野菜和其他配料加入鍋中煮至全熟下水煮即可。配料有兩種選擇：
a.素食：新鮮芋梗、半乾或全乾芋梗、甘藍菜或其它豆類野菜等
b.葷食：五花肉、山肉或溪魚蝦等

8. supiq ljinetul 清蒸芋梗

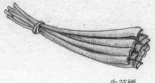

生芋梗

生芋梗剝皮

去皮芋梗、生花生和五花肉片清煮

剝皮完皮切割好的生芋梗

① 將新鮮的芋梗去皮,切塊後搭配蒜頭和肉絲一起清蒸。

② 去皮的芋梗切塊,加一點生花生和五花肉片,一起清煮或川燙水,搭配醬油、薑絲及蒜泥為沾醬一起吃。

③ 該料理中的芋梗品種為 turukung kung(大陸公公)、qumas(神明賜予的味道)和 drungal(常常讓腰難過),這三種品種的新鮮芋梗可以直接清蒸或涼拌,比較老的芋梗必須先去皮,表皮纖維硬不好吃。

四、vasa pinaru qukai 山芋頭・粥

1. tjaljidjur 芋頭乾粉粥

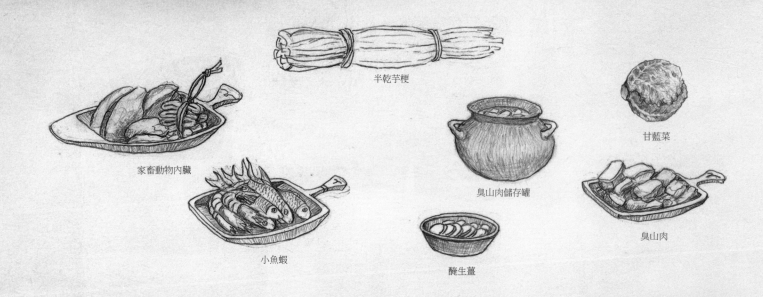

半乾芋梗

甘藍菜

家畜動物內臟

臭山肉儲存罐

臭山肉

小魚蝦

醃生薑

該煮食和芋頭乾下水煮，為最普及的煮食方法，最能吃出烘烤過的芋頭乾風味。

① 取適量的芋頭粉，煮食前曬一曬可以讓芋粉氣味更香。

② 將曬過的芋頭粉直接倒入鍋中，稠度可以依自己喜好，將水適量的加入。

③ 煮食中的芋頭粉滾燙時，再熬煮一些時間，讓參雜其中吃起來比較會癢的芋頭品種煮熟一點，再把準備好的佐料加入，若太濃稠可以 temevu（加水）調稀。

④ 佐料有兩種選擇：

　a. 素食：芋梗、花生、野菜、甘藍菜、豆類或菇類等

　b. 葷食：溪魚、溪蝦、五花肉、臭山肉或動物內臟等

2. vasa kinuljus pinu vaqu 小米芋頭籤粥

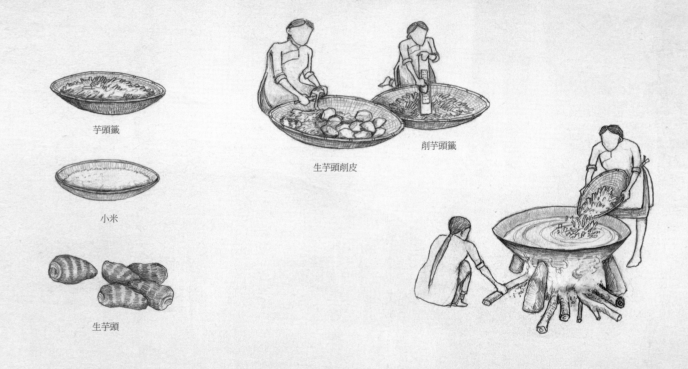

芋頭籤

小米

生芋頭

生芋頭削皮

削芋頭籤

① 取適量的生芋頭，削皮後用 kakuljusan（削籤板）將芋頭削成籤。

② 將備好的小米清洗、濾過，和芋頭籤一起放入鍋中煮食。

③ 加入自己喜愛吃的佐料，如花生、野菜、長豆等使食物更豐富。

④ 佐料有兩種選擇：

　　a. 素食：芋梗、芋葉乾、樹豆清湯

　　b. 葷食：樹豆排骨湯、烤溪魚湯

3. ljapanai pinu kuzing sinaljai 玉米芋葉梗乾芋頭粥

曬玉米

搗玉米

玉米粉

篩玉米粉

芋葉全乾

撥玉米粒

① 將曬乾的玉米剝下種子倒入木臼中搗碎，再用竹篩子篩過，篩到自己需要的粉粒大小。

② 將篩好的玉米粉倒入鍋中煮食。

③ 可以加入自己喜歡吃的佐料：芋梗（新鮮或半乾、全乾）、芋葉乾、花生、野菜。每一種佐料搭配都有不同的口感，尤其芋梗乾和芋葉乾，與玉米飯一起煮食會增加黏稠度和香氣。（亦可煮成乾飯）

④ 可以選擇樹豆清湯或樹豆排骨湯搭配。

4. padai pinu saljai linaica supiq　白米芋葉梗乾芋頭粥

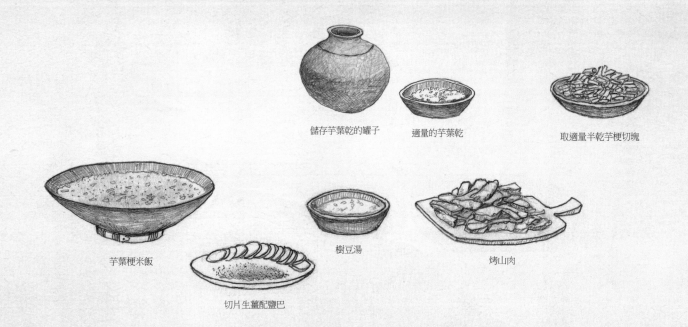

儲存芋葉乾的罐子　　　適量的芋葉乾　　　　取適量半乾芋梗切塊

芋葉梗米飯　　　　　　樹豆湯　　　　　　　烤山肉

切片生薑配鹽巴

① 將蓬萊米加入一點糯米（約五分之一的比例）
　增加黏性，清洗後放入鍋中煮食，滾燙後把備
　好的芋葉乾粉和切塊的芋梗乾，適量加入一起
　煮食，全熟後起鍋（亦可煮食成乾飯）。

② 白米和芋葉、梗乾一起煮，吃起來特別黏稠，
　芋香味濃郁清香。

③ 可以搭配的佐料很多，依自己喜好選擇：
　a. 素食：野菜、豆類、樹豆清湯
　b. 葷食：溪魚、蝦、山肉、樹豆排骨湯

五、vasa pinu mugi 山芋頭麵食

1. vasa pinu qudung nu kaljaraljizan 颱風芋頭麵

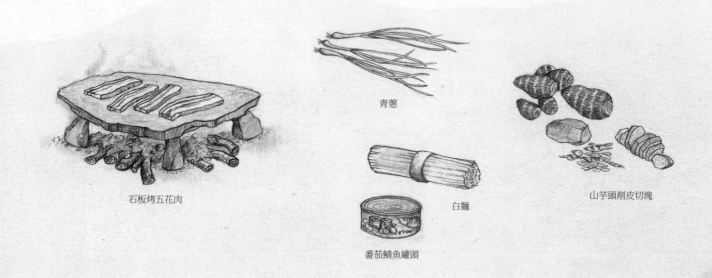

青蔥

石板烤五花肉

白麵

番茄鯖魚罐頭

山芋頭削皮切塊

① 生芋頭削皮後切成小塊，放入鍋中煮至7分熟後，將白寬麵和鯖魚罐頭一起加入，最後要起鍋前加入小白菜、山中野菜或青蔥等菜類佐料，適量加鹽巴後起鍋。

② 可以考慮加入的食材有馬鈴薯削皮切塊、山苦瓜及石板烤五花肉等，湯頭味道豐富而特別。另外生薑切片沾鹽一起吃也是不錯。

③ 住在山上若是遇上颱風，家人通常不會出門工作，一連數天都在家裡等待雨停，山上能長久保存的食物就是罐頭和麵條了，加上山芋頭更增加飽足感，自家周圍的puljakarakaravan（民俗植物園），平時就有習慣植栽野菜，像 samaq（萵苣菜）、sameci（龍葵）、kamutu（紫背菜）、singic（昭和菜）等等，若遇上颱風就可以就地取得蔬菜。芋頭、家屋周圍的野菜、鯖魚罐頭和麵條，為山上颱風季節必備的食物。

‧麵食為日據時代才有的食材，和傳統食材搭配，別有一番風味。

2. vasa pina taljevuqan tua mugi buljukui 芋頭麵疙瘩

麵粉

和麵

揉麵

將麵糰撕成小塊放入滾燙的鍋中

① 將生芋頭削皮切塊，適量的五花肉切成肉塊一起下鍋。

② 取適量的麵粉放入木盒裡，加山泉水攪和並揉成麵糰備用。

③ 芋頭和五花肉煮至6分熟後，將麵團撕成小塊放入滾燙的煮食中，並不時的攪拌避免小小麵糰黏在一起，蓋回鍋蓋繼續煮食至9分熟後熄火。

④ 將準備好的大白菜、野菜或想吃的佐料放入鍋中，攪拌後起鍋。

3. vasa kiningeking 生芋頭油炸餅

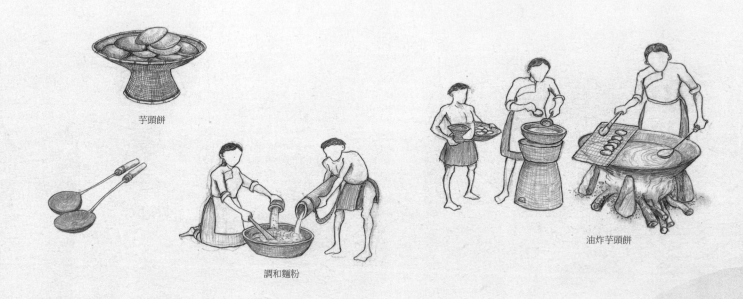

芋頭餅

調和麵粉

油炸芋頭餅

① 選用較大粒的芋頭，削皮後切成薄片，並用濃稠的黑糖水抹於芋片上備用。

② 取適量的麵粉放在木盒裡，加適量的山泉水攪伴成黏稠狀備用。

③ 約半加侖的沙拉油倒入鍋中煮至滾燙後，兩個勺子備好，油炸時可以輪著使用。

④ 撈起三分之一勺的麵糊後，放入一片已塗抹好黑糖的芋薄片，再撈起麵糊將勺子填滿，讓薄芋片包在中間，放入滾燙的油鍋炸，用另一勺子做同樣的程序放入油鍋中，視前者油炸的麵皮呈淡金黃色時，裡面的芋片也大概炸熟了，將炸好的芋頭餅放在預備好的鐵架上濾油，再重複該動作至煮食備料炸完為止。

⑤ 甜味、鹹味、辣味或原味，依自己想吃的口味調料。

六、vasa qinapiljan 山芋頭烤香腸

1. palju qinapiljan 芋頭粉石板烤香腸

已烤好的香腸切塊

碎五花肉

灌腸

石板烤香腸

① 取適量的芋頭乾粉和碎五花肉，加適量的鹽巴和山泉水一起攪和，稀釋後灌入豬腸內。

② 取一片厚度均勻的石片（公石），上方塗抹動物脂肪後，慢火加溫（勿急速大火加溫，石片容易破損），把灌好的豬腸放在熱石片上，慢火至烤熟為止。

③ 燒烤中腸子皮稍有鼓起時，用尖的細竹子將腸子皮刺破，讓內部蒸汽排出。

④ 烤好的香腸、配蒜頭、薑絲一起吃，別有一番風味。

· 豬肉石板烤香腸，為一般家庭的佳餚，不會用在禮數或祭祖靈祭的用途上。

2. palju qinuai 芋頭粉山肉烤香腸

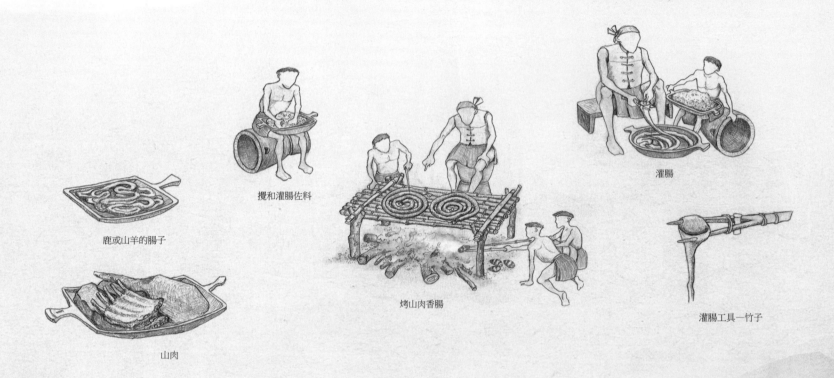

鹿或山羊的腸子

攪和灌腸佐料

灌腸

山肉

烤山肉香腸

灌腸工具—竹子

① 取適量的乾芋頭粉和碎山肉（山羌、山羊或鹿肉），加適量的鹽巴和山泉水一起攪和，再灌入已清洗過的鹿或山羊腸子內（山羌的腸子太細，最好煮湯）。

② 用細竹子搭起烤架後，使用耐燒、焰較烈的樹種做柴薪，慢火燒烤至烤熟為止。

③ 燒烤中腸子皮稍有鼓起時，用尖的細竹子將腸子皮刺破讓內部蒸汽排出。

④ 芋頭乾粉山肉烤香腸，部落人視為上等食物，為年度大祭引祖靈儀式時的祭品，婚嫁中男方贈與女方重要的動物生命分享禮數。

⑤ 灌入腸子內的碎山肉有兩種，一為一般碎肉，另一種是內臟。禮數中，內臟灌腸的香腸專屬於祭祖靈的分享禮（祭品），婚禮中用的是一般碎肉灌腸香腸。

七、aradje qucequc 山芋頭乾零嘴

1. ljualju kiningeking pinu qucequc 煎黑砂糖芋頭乾零嘴（芋頭糖）

煎黑砂糖

糖罐

冷卻後擊碎

放入上選的芋頭乾和糖漿一起攪拌

① 取適量的砂糖，放入熱鍋中煎炒至液態狀，再將
　備好的上選芋頭乾放入滾燙的糖水中一起攪拌，
　直到芋頭乾完全被糖漿沾滿為止，熄火。

② 等待冷卻後，將已凝結成一大塊的芋頭乾煎黑砂
　糖，擊碎放入竹篩中，即可食用。

③ 黑砂糖在民國時代部落裡才慢慢普級，日據時代
　比較少見，當時部落族人還不太使用錢幣交易，
　因此這種食材得來不易，當時，芋頭煎黑砂糖的
　零嘴特別稀有而珍貴。

2. pinu alju qucequ 浸泡蜂蜜芋頭乾零嘴

用雙手將野蜂蜜擠出木盆內，並加水稀釋

野生蜂蜜

濾乾浸泡過蜂蜜的芋頭乾

① 山上採集到的野蜂蜜，用雙手將蜂巢中的蜜擠出後，裝在木盆裡。

② 備好的上選芋頭乾，倒入裝蜂蜜的木盆裡均勻攪拌後，倒入竹篩網目中濾乾即可。若是不想吃太甜，蜂蜜加一點山泉水攪拌，稀釋後再把芋頭乾倒入浸泡，濾乾，比較不那麼甜。

③ 另一種吃法，將蜂蜜放在小木盆裡，手拿芋頭乾直接沾蜂蜜吃。

④ 浸泡式的吃法是可以將浸泡過的芋頭乾用芋葉包裹，攜帶方便。

⑤ 這種芋頭乾甜點，在還沒有砂糖的年代，為一般家庭給孩子們慰勞或獎勵用的甜點。

3. sutjau katua qucequ 花生和芋頭乾零嘴

芋頭乾儲存　花生儲存

日曬準備當零食
之上等芋頭乾

日曬花生

儲存零嘴於罐內

vened 為最小粒（幼芋）
為少有的芋頭乾零嘴

sutjau 花生

① 烘烤架剛烤好的新鮮芋頭乾，經過篩選後，會裝在 rangi（疑惑的期待）陶罐裡保存，過去時代部落沒有糖果可以吃，但有些乾糧如芋頭乾、花生等，為每個家庭必備的零嘴被儲存著，隨時準備招待客人用，做父母的會想盡辦法，將這裝滿零嘴的陶罐隱藏起來，避免被家裡的小孩偷吃；烘乾後的芋頭乾味道是特別香濃，罐子再怎麼隱藏還是容易遭到偷吃的命運，所以父母會跟孩子們立下約定，什麼情況下可以吃，孩子們因為有約定會努力爭取，當孩子們做完一項父母託付的任務時，心裡總會有個期待，父母何時會打開那個陶罐子吃到獎賞？因而孩子們會特別在意此陶罐，該陶罐的容量大小適中，為一般家庭最被常使用的罐子，也是在山上生活中最被喜愛的陶罐之一。

② 芋頭乾零嘴平時備用做為招待用之外，也是出遠門打獵的家人必帶的食物，質量輕容易攜帶不用炊食，肚子餓時隨時可以拿來吃，亦可以維持長久時間不腐壞。森林裡的獵寮若有炊事器具，亦可以下水煮食，搭配山肉、野菜等，為野地中最好的戰備糧。

③ 芋頭乾零嘴和日曬過的生花生，非常絕配，平時這兩種食材是密不可分的，約大拇指大小的芋頭乾，配三、五粒花生一起吃，味道特別香。

🚩 該項烘烤山芋頭的方法，為整個南島諸族中特別的作法，亦是臺灣各民族中唯獨 kacalisiyan 斜坡民族（排灣族、魯凱族自稱）古傳食物保存技術。

72

第 4 篇 maljiya sipatjekaiyan tua vasa 山芋頭後續

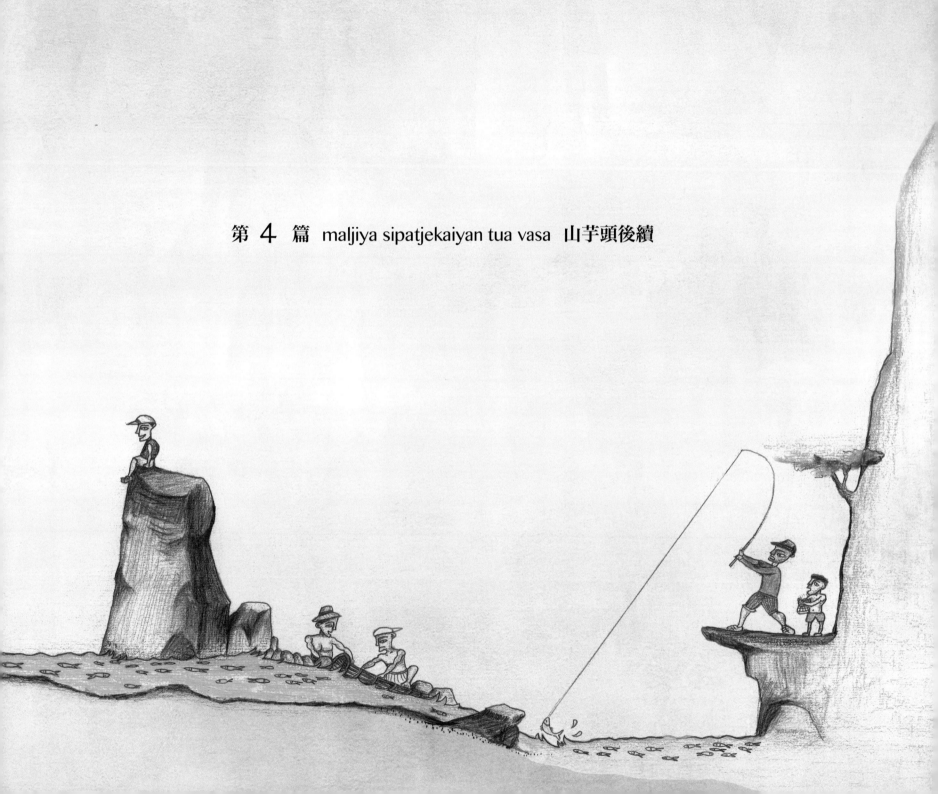

一、ngadan nua kinavasan 單株山芋頭部位名稱

1.芋頭局部名稱

① kapaz 根

② amisv 根部上的觸鬚

③ kina 母親 — 母芋

④ kula 腳 — 母芋與子芋連結的管帶
　　　　（有些品種沒有這個腳）

⑤ picil 分支 — 子芋

⑥ qedet 近親 — 子芋的芽點

⑦ duljatan 被踩到 — 走莖的芽點

⑧ qilat 依賴 — 走莖

⑨ pulapul 芋皮表面的鬃毛

⑩ tjauka veve 新一代的芽 — 子芋的葉芽

⑪ veve 芽 — 母芋的葉芽

⑫ ledjeledj a asau 嫩葉

⑬ navulung a asau 老的葉子

⑭ na malaic a asau 枯乾的葉子－自然形成

⑮ na mauming a asau 枯萎的葉子－病蟲害造成的

⑯ riniverivan 幼蟲啃食過的痕跡

⑰ qinarungetjan 芋蟲啃食過的痕跡

2.芋頭細部名稱

① kapaz 根

② kina 母親 — 母芋

　③ 至 ⑥ 統稱 picil 分支（子芋），子芋再生下子芋

　時其個別名稱如下：

③ qapipi 傳祖宗 — 第一代子芋

④ tja qapipi 我們傳祖宗 — 第二代子芋（孫子芋）

⑤ lja qapipi 願傳祖宗 — 第三代子芋（曾孫子芋）

⑥ ru qapipi 世代傳祖宗 — 第四代子芋（玄孫子芋）

⑦ qedet 近親 — 子芋的芽點

⑧ kulju veve 母芋的心芽葉

⑨ qaqedudan 母芋芽點 — 芋柄取下後內層之母芋芽點

⑩ sinaljiqan 銜接環 — 芋柄與母芋銜接環

⑪ maca 眼睛 — 母芋分支時的芽點

⑫ pudek 肚臍 — 母芋生子芋時的芽點

⑬ sinupiqan 芋鞘

⑭ supiq 芋梗

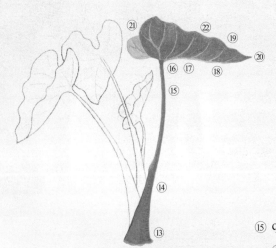

⑮ qacusal 芋柄

　⑬ ⑭ ⑮ 統稱 supiq（芋梗）

⑯ cinaingan 芋梗和芋葉的連結點

⑰ cuqus 葉脈

⑱ asau yi patjaladj 芋葉背

⑲ asau yi pavavau 芋葉面

⑳ asau yi ngaingau 芋葉尾

㉑ asau cinelaka 芋葉開叉處

㉒ rida nua asau 芋葉邊緣曲線

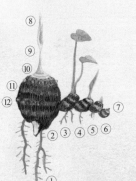

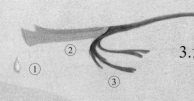

3.食材分解部位名稱

① ljitjeq 汁

② qalum nua supiq 芋梗的肉

③ lakalj nua supiq 芋梗的外皮

④ kakanen 食材 ┤ tjai kaljemudj 尾部
　　　　　　　　└ tjai qapulu 根基部

⑤ qaljic — 皮

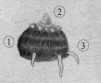

4.母芋的食材與育苗分解部位名稱

① tjai kaljemudj 尾部 ┐
② qaqedudan 母芋芽點 ├ 母芋苗
③ tjau kapaz 新的芽根 ┘
④ tjai qapulu 根基部—食材

二、si patjekaiyan tua vasa 山芋頭之相關詞彙

1. kalamiyan 聖糧
年度的氣候再惡劣，強風大雨或極為乾旱的天氣，不太受影響的作物稱之。例如：地下球莖類的山芋頭、地瓜和木薯等。一年四季田間只要有這三種作物，就不易斷炊了。

2. qinuman 墾地
長年同在一塊土地上工作，比較不會移耕或休耕，這種農田通常會蓋很好的工寮，提供住宿及休憩的空間，農地理猶如完整的民俗植物園一樣，什麼作物都有，也一定會有種植山芋頭，家人長年顧守著，不會被山豬、等有害作物的動物侵入，稱之。

3. zazaljan 食物變質
田間採收的糧食有它保存的期限，農戶們會在期限內將庫存的糧食清食完畢，一來可以挪出空間存放新的糧食之外，亦不浪費食物；有些家庭因貪心，過量的食物不送人分享因而過期，這是件非常不道德的行為。過去時代，少有家庭會把食物儲存到變質狀態，若傳出其家庭丟出一堆已過時的食物時，部落人會恥笑該家庭很吝嗇，也會遭神明的譴責，不懂的與別人分享，不珍惜食物，因而不再給予豐盛的糧。

4. qatitan 被造之人
傳說中，是由土地生的人，被稱之土地的孩子，為群體中最接地氣之人，為大地守護者－俗稱平民。

5. pualju 創始之人
傳說中，是第一個創建部落的人（家族），因為創造了部落各項制度、禮俗等，讓部落人生活上有個規範，因此，又稱這種人為智慧如蜜者－俗稱貴族。

6. mazazangiljan 顧守者
傳說中，是由太陽生的人，被稱之太陽的孩子，被賦予管理與保護部落之責－俗稱頭目。以上這三種輩分家族，部落族人視為共生團體，各有其扮演的角色。山芋頭的分類中，以類似的方式賦予芋頭的輩分，支配人所擬定的禮數。

7. patavalj 熬煮
斜坡上種植的農作物、野地裡採集的食物、獵場裡捕獲的獵物等，有些必須經過熬煮的過程才能吃，需要煮食一天、半天，或是二、三個小時不等，總之，食物必須煮到吃起來好吃為準。田間的山芋頭也一樣，不是每一品種煮食時間長短一樣，部落人清楚，不同品種需要煮食時間也不相同。

8. remipirip 往周邊延伸
意指子芋不斷的往母芋四周方向延伸發芽，原本只種植一株，時間長久會變成一大片稱之。

9. remuceruc 茂密生長
子芋在母芋身上茂密的生長。

10. kavasav 正宗山芋頭
為芋頭田裡最為大宗的品種芋頭，芋頭本身比較耐活，不易得病，年年量產穩定，或許有一部分品種會得病，因而產量銳減，它們還是一定程度提供新的芋頭，整年不斷炊，除非當年種植的量太少，又得病則另當別論了。

11. qucequc 零嘴
經過烘烤後被挑選為比較好吃的芋頭乾。這種被挑選的芋頭乾分為兩種，一為平時自家人吃的零嘴，常去獵場的獵人攜帶的乾糧，也是這類被挑選的芋頭乾。另一種為細選的上等芋頭乾，專屬用在饋贈、婚慶與祭儀的禮數上。前者大都為大地種子芋挑選出的零嘴，後者為創始年代及顧守太陽種子芋細選的零嘴。

12. palju 芋頭粉
由芋頭乾裡挑選出吃相難看，品種本身較不好吃，或吃起來會癢的，有缺陷的芋頭乾，會搗成芋頭粉食材。

13. qariveqiv 吃起來脆脆滑滑的

有些品種的芋葉、野菜等蔬菜類，吃起來的口感會脆脆滑滑的稱之。

14. kula 腳

指母芋與子芋連結的管帶，有些品種的母芋與子芋間，直接由身體連結，沒有腳。

15. qilat 依賴

指走莖，有些芋頭品種其子芋不成球體狀，而是呈細長條形，若生長在肥沃鬆軟的土質裡，生出的走莖會特別長而且粗大，可食。

16. djemuljat 踏出腳印

意指子芋不斷向外延伸。其字根與duljat（刺球桿）一詞相似，刺球桿為年度祈福儀式中用來刺福球的，形容有些芋頭品種，其子芋生長的方式呈細長形，並且往四周延伸，其頭部（芽點）呈尖形，猶如一支長刺球桿一樣。另一解釋為demulat，踏出腳印之意，形容該品種的走莖不斷延伸。

17. varatjevatj 脆滑

其口感類似吃生的山藥一樣，味道不怎麼樣，山芋頭每個品種吃起來的口感不太相同，有些是黏稠、芋香味濃、有些是脆、口感清晰，有些品種本身吃起來會鬆鬆滑滑的不太順口，通常這種芋頭會和其它較好吃的芋頭搭配煮食。若是當年下的雨水過量，旱芋頭本身也會受影響，吃起來會比較脆滑。

18. lemungelung 使之滑落

住在斜坡上，有很多地形其斜度很大，往返搬運極為不易，若需要搬運東西，由上往下比較容易，可以順著地形自然滑落，反之上坡搬運會特別辛苦，因此在搬運的過程中，會盡可能利用斜坡地形較滑落為快速且方便，這個現象特別在建材的取得上會考量，例如大型的木樑木柱，通常會在上坡段取得，搬運時走下坡比較不那麼辛苦。

19. lingedres 個子短矮粗壯

形容某些芋頭品種，其貌不揚，生命力極強，生育力特別旺盛。

20. cepeng 方形竹籃

在田間工作時最常被使用的容器，籃子本身不高不大。一般田間工作多半是蹲下身子採集芋頭、地瓜等作物，該容器大小非常適中，裝滿後搬運也不會太重，它的底層會有網目，方便剛採收的作物身上泥土濾掉，為工作時最好的器具。農務的搬運工具及農作物盛裝的容器非常多樣，在製作過程中，會配合家人載重的能力去設計，況且會有自己專屬的 kaljaudjur（背籃）、cepeng（方形竹籃）或 biyulj（腰籃）等器具，裝滿時適合自己體能的搬運。

21. qemas 呼氣

是一種儀式上的呼氣，通常會用在體弱多病、神智不清或嬰兒、小孩等陽剛之氣虛弱之人，靈媒會在她（他）們的額頭上方，vangavangau（小天窗）的位置哈氣，借助神明的氣息加持靈力，使人的虛弱被新的能量所取代，稱之。

22. sa ramiljangan 聖 貪婪之靈

古老傳說中貪得無厭的精靈，指的是長年會侵害到芋頭田的病蟲害。傳說中 sa ramiljangan 是一隻小小的幼蟲。

23. kavecengel 汗水的代價

亦可稱之辛勞的代價。指禮數中的植物禮（俗稱貢品），植物禮的種類很多，只要是田間農作物皆可當成分享的禮數，當中會特別細選不同作物的上等種子，於年度大祭時，或旱稻田、芋頭田採收結束時，交給顧守者（指太陽家庭－俗稱頭目）。眾多土地家庭（俗稱平民）所送的禮數種類和數量很多，顧守者（太陽家庭）會集中、分類並保存，再重新分配給當年作物欠收成，家庭成員傷亡或因生子而失去耕作能力的家庭。植物禮最大的用意在於此，是回歸到需要食物的部落人身上。

24. masalut 過分強奪

為祭的名稱。每年部落的小米田全部採收完畢後（約6、7月），會擇日舉行年祭（類似春節過年），太陽神祭和祖靈祭。祖靈祭中又分人的祖靈、植物的祖靈和動物的祖靈三種分別祭拜。masalut 過分強奪之

意，是針對著植物靈而拜的儀式，向植物靈道歉，強奪了它們的種子，也祈福著新的一年汗水會更加勤奮、播種墾地，讓它們的種子傳宗接代，迎接來年的豐收。masalut 過分強奪為原始意含，該儀式稱之植物生命祭（慰靈儀式－俗稱收穫祭或豐年節）。

25. mavesuang 送走最後的氣息

為祭的名稱。和前段文masalut（過分強奪）同一期間進行，是針對著動物靈而祭的儀式，向動物靈道歉，剝奪了牠們寶貴的生命。mavesuang 是形容動物離開人世間準備斷氣前，最後的呼氣聲，把生命最後的氣息送走，不論是 pinaquzip（被餵養的家畜）或 sa cemel（聖藥－俗稱野獸），人的刀槍會使牠們斷氣，因此，特別會在年祭時舉行慰靈儀式，安慰死於刀槍下的靈魂。mavesuang 送走最後的氣息為原始的意含，該儀式稱之動物生命祭（慰靈儀式－俗稱獵祭）。

26. sini patjavang 祭品

年度大祭中的祭品，分為兩大類，一為來自農田的作物，另一為來自獵場的獵物；人是透過小米梗燃煙，傳達神明與祖靈們前來共享。儀式中的祭品，傳統上有它的約制，代表農田的植物祭品中，drungal（常常讓腰難過－水芋）一定會有。

27. sa cemel 聖藥

指神明所養育的野生動物（野獸），pinaquzip（被餵養之意）指人所飼養的家畜，這兩種動物統稱為 qemuzimuzip 世代養育著我們之意。

28. dradrum 聖酒

過去時代釀的酒，以糯小米為主，以紅藜為酵母，從材料的選用到釀好酒，必須藉著儀式加持無不嚴謹面對，因為釀的酒是用在重大祭祀中娛神、娛靈之用。古早的族人把 dradrum（聖酒）看成是神明賦予的超能力，是人所無法控制的，年度祭祀季節才可以飲酒，避免惡靈的傷害，需要飲酒壯膽，把自己的靈魂昇華，把膽識放大，讓惡靈不敢靠近，所以飲酒是個神聖行為。日據時代，日本人稱小米叫 qava後來族人稱小米釀的酒為 vava（近代語，酒的統稱）。

29. temevu 加水

為熬煮中的食物加水，芋頭本身煮食時需要的時間，都比一般雜糧還久，尤其煮到吃來比較會癢的品種時，煮的時間會更久，因而中途會加水，不讓鍋中缺水。做糕點的食材蒸煮時更需要不時的加水，因為蒸煮需要的水量也很大，若忘了加水，造成煮食 qangelic（煮焦），則搗出來的糕點，會有焦味不太好吃。

30. cacapan 烘烤架

烘烤，為古早時代保存食物的方法之一，新鮮的食物除了加個鹽巴、佐料醃製之外，就是烘烤了，至少可以讓食物保存更久，因而有了各式各樣的烘烤架去處理各種食物的烘培。山芋頭的烘烤架乃其中一種。

31. sitaletalem 芋苗

指已發了新芽葉和tjau kapaz（新的芽根）。種植季節尚未開始時，會將芋苗放置於陰涼處一段時間，會自動發新芽、長芽根，等待人們將它們移植稱之。

32. sicuvucuvuq 芽點

指特別從母芋身上挑出的芽點，和挑出的子芋苗，這新舊的芋苗統稱。

33. qaqeduden 母芋芽點

健全的母芋被採收時，會將它的芋梗切掉並小心翼翼的將芋鞘一片片剝下，露出母芋的qeqedudan（芽點），再將母芋的下半部切除當食材，保留上半部當芋苗。

34. pudek 肚臍

指母芋生子芋時的芽點，有些品種的母芋身上長很多肚臍，有的品種卻才幾個，通常肚臍多的母芋身體長的會比較小，母芋的營養被它的孩子們（子芋）吸收之緣故吧，所以長不大，相反的，子芋少的母芋會長的比較大，例如水芋類的芋頭。

35. qedet 近親

指子芋的芽點，母芋生的子芋因而用近親來稱呼該芽點。農耕季節，

新的子芋苗的挑選非常重要，會挑出比較有潛力的子芋苗來替補。因而有血統論之說，知道這一批新的子芋，源自於那些母芋的產子。

36. pasimatjaq 火攜帶有著生命的芋頭

新鮮的生芋頭裝滿了烘烤架之後，準備點燃火種之前的儀式名稱，祈求火的精靈讓烘烤架順利的把帶著生命的生芋頭烘烤完成。

37. mazeleng 猶如水煮一樣，軟軟的不會硬

指烘烤架上的芋頭，一開始火候不足，有點像被悶煮過一樣軟軟的不會硬。

38. si pecungucungu 柴薪

用來起火時木柴有三種不同的火候產生。第一種是生長速度快，木質本身比較鬆軟，因而起火時火特別的旺，焰卻不烈，很容易燃燒完，第二種，生長速度慢，木質本身質地較硬，用來起火時，火不旺，焰卻很烈，不太容易燒完。第三種稱之生產水分的樹，體內充滿水分，因而用來起火時，只會冒濃煙並一嘶嘶的哭泣聲。烘烤架所使用的柴薪大都屬於第二種較為適合，火不會旺到燃燒竹架，焰卻很烈溫度很高，芋頭較容易烤熟。

39. river 長型竹篩

為芋頭乾去皮用的籃子，長約160cm×寬約x40cm高約50cm，為一般尺寸，竹篩的底部有網目，方便籃子內的芋頭乾相互撞擊時，使外皮容易掉落，該籃子是專屬於芋頭乾去皮時的工具。

40. aradj 芋頭乾

為生芋頭烘烤過的芋頭乾總稱。挑選出的零嘴和搗成的芋頭粉，皆由芋頭乾延伸的食品。

41. qalameljan 粉末

烘烤過的芋頭，去皮當下，因熱芋頭乾相互撞擊而產生的粉塵，流竄於空氣中，這種粉末碰到皮膚時會搔癢，尤其過敏性的體質身體較容易紅腫，所以事先必須先做好防護措施。

42. parimasudj 儲存

這是一項重點工作，田間好不容易採集到的食物，只因為粗心沒有把糧食儲存好，存放在倉庫裡時間長久，不知覺的已有大量糧食 quvelingen（發霉），甚至因受潮而 madjapeng（潰爛），這是得不償失的事，只能嘆氣了，因而儲存糧食也是一項很重要的工作，用來儲存的容器和穀倉的設計必須講究。

43. maisu 搗工

搗工有多種形式，該形式為一般穀類去殼、去糠或搗芋頭乾粉、玉米粉、糯米粉等等搗工稱之，所使用的工具為 valanga（直立式木臼）和杵。該工作多半是由小孩子或青少年擔綱。

44. qavai 糕點

糕點的種類非常繁多，品種、形式、搗法、包法等等不盡相同，若單從糕點的形式去談大致分為以下數種：

① djinukul：用 valanga（直立式木臼）所搗出的糕點，為一般的糕點，有包葉、沒包葉兩種形式。

② cinuljuk：用drangalu（舟型木臼）所搗出的糕點，為正式場合中禮數或祭祀時食用的糕點，不包葉。

③ cinavu：直接用顆粒的穀類，包餡、包葉煮食的糕點（類似粽子）。

④ kinepel：由穀類磨成粉，包餡、包葉下水煮或蒸煮的糕點。

⑤ pinilaulj：由穀類磨成粉，再揉成一粒一粒湯圓，內包餡，下水煮的糕點。

⑥ ljinaviluan：由芋頭粉攪和其它佐料，包葉下水煮或蒸煮的糕點。

⑦ 其他如前文介紹的糕點類等等。

以上皆稱之 qavai 糕點。

45. lukuc 山蘇葉

為糕點的包葉中最為上等的，主要用在儀式用的糕點包裹上，過去時代這種包葉是長在原始林的樹上寄生，不太容易取得（現代人因為要吃它的嫩葉因而有大量植栽）。只要是使用山蘇葉包裹的糕點，一定是上等的糕點，是一種標記。

46. ljemetul 川燙

使用在糕點上的包葉，有些葉子本身的纖維組織較為生硬，使用時容易撕裂或開叉，因而會先用熱水浸泡，使用時更為柔軟，折疊時不易撕裂。這種浸泡法也常用在別的煮食上，例如野菜，及較為嫩、不耐煮的食物之川燙等等。使用蒸桶煮食物也叫ljemetul，為糕點中最常被使用的煮食方法之一。

47. maludemud 脆

指糕點的包葉，尚未熱水浸泡之前的脆，特別容易撕裂。若沒有鍋子提供煮熱水川燙，直接用火將葉片正反來去烘烤，亦可達成葉片變軟的效果，稱之 lemavelav（火烤）。

48. silitjelitjan 纏繞的方式

指糕點包葉後，繩索纏繞的方式。過去時代，要看出做糕點的功夫，除了與內陷的搭配好吃之外，糕點本身的外表也備受重視，有些粗心的婦人包的糕點一坨，不好辨識是什麼糕點，大夥一瞧，猜想會是誰包的傑作，因而包法也可以看出婦人的細心，若自家要吃的糕點比較無所謂，正式禮俗上的糕點纏繞，有一點的規則必須遵守。

49. valanga 渴望

為直立式木臼的名稱，其字根源自 kavalanga（渴望），它是一種生命起源的聯想。valanga（渴望－直立式木臼）其造型和其它古老圖紋有著相似的意涵與象徵。

① 古老紋身的圖紋
（na madjadjuripi 彼此身體緊密著之意）

② 古陶壺身上的圖紋
（na maresiqaqayau 彼此面對面之意）

③ 紡織布上的圖紋
（na marepapacun 彼此相互看之意）

④ 雕刻上的圖紋
（na maljaljungu 彼此相互取暖之意）

⑤ 食用器物的形狀：

kadjapar 他的大腿之意
－高腳竹篩

valanga 渴望之意－直立式木臼

qaselu 重槌之意－木杵

以上這種三角對稱紋統稱 na maqaquljivadra（相互交歡紋），常被族人運用在各種器物上，相關的交歡紋變化多樣，不外乎是一種祈福人丁興旺，過去農業與狩獵年代，人丁是家庭、部落甚至部族強盛之關鍵元素。

50. sima 動物脂肪

獵物體內有不少的脂肪，平時會收集並保存在竹罐子或陶罐中，為過去時代煎煮時的油料來源。糕點的製作，也需要脂肪，防止糕點與搓揉用的草蓆黏著，為上等的隔離劑，甚至會使用在獵具和紡織器具潤滑之用。

51. lemisalis 揉成長條形

糕點的製作方法特別奇特，其它民族比較不會去製作這種特別長條的糕點，這種糕點的製作，是需要一張專屬 lalisalisan na sekam（搓揉用的草蓆）才可以。長型糕點，其意涵源自於對百步蛇的敬仰。斜坡民族是供奉百步蛇為守護者，亦是聖祖靈之一，在文化表現上，經常會看到蛇身的圖樣，被族人運用在日常生活中，例如：糕點上繩索纏繞的方式，就是以牠身上圖紋演化而來的，糕點上纏繞的名稱如下：

• tjinalikan 交叉紋
紋身、雕刻、織布上稱之linangaljan（蛇背紋）

• linakeculjan 跨過紋
紋身、雕刻、織布上稱之kinalavikavan（蛇側身紋）

• ljinaicikelan 來來去去紋
紋身、雕刻、織布上稱之pinarualjialjisan（蛇腹紋）

一樣的圖紋，在別的用途上有不一樣的稱呼。總之，斜坡民族食的文化裡和百步蛇有個緊密的關聯。

52. paluveluv 內餡

糕點所使用的內餡有很多種，有素與葷的差別，當它被包裹在糕點裡的時候，就很難看出是素是葷，必須要把糕點打開來看才會知道。為了辨識方便，除了以包葉做為區別之外，糕點的形狀也會有所不同，例如：包肉是橢圓形的、包魚是長形的、素是圓形的，以糕點的形狀來辨識內部所包的內餡是什麼，方便區別。

53. qinemu 磨粉

為糕點中最常見的做法之一，不論糯白米、糯小米、玉米或山芋頭，會以磨粉的型態製作糕點 ljinaviluan（芋頭粉粽）和 tjaljidjur（芋頭粉・粥）為山芋頭料理中的磨粉食物。

54. remingiring 炒

不使用油料直接將食物放入鍋中大火煎炒稱之，例如炒花生、砂糖、山胡椒等食材加工。

55. cinuljuk 糯米芋頭糕

專屬於糯米芋頭糕點的稱呼。這種糕點特別會以 drangalu（舟型木臼）來搗成的，異於 valanga（直立式木臼）所搗成的 djinukul（搗糕）。這種以舟形木臼搗成的糕，多半是儀式用的糕點。

56. mairaljum 旱稻

為斜坡民族的古老米種，至今還存留於部落裡的品種已寥寥無幾了，就以自己部落來說，約剩下四至五個品種了，聽老人家說，以前也有數十種之多。

57. putjabur 泡水

經過日曬處理使之乾燥的食材，如芋梗、葉、樹豆、玉米等等，煮食前先泡水比較容易煮熟，尤其需要蒸煮的糕點食材更需要泡水一夜，蒸煮或搗糕時比較容易。

58. tjinuku 呈現圓滿

在糕點的製作上常被引用的排列方式。求事情的圓滿之外，另有一個意涵，象徵百步蛇捲曲的身體一樣，有守護的意涵。婚慶中的舞蹈也類似糕點排列的模式，舞蹈進行中蛇頭（有輩分之人），排列最前面最外圍，蛇身（壯年人）排列在中間，蛇尾（老人及小孩）最為內側尾端，被外圍有輩分之人及壯年人所保護著，稱這種集體排列成圓為 tjinuku（呈現圓滿）。

59. kasu vaquan 小米收割結束

該句為雙關語，另一解釋為失去新的之意，vaquan 指新的，vaqu 指小米。過去時代每年6月下旬，部落人種植的小米田大都已採收完畢，稱之 kasu vaquan（小米結束之意），接著就是年度大祭了，送舊年迎接新年的季節，將近一個月半的時間，部落人會在家裡過新年，祭拜天、地、河川、森林及聖祖靈們（包括動、植物祖靈）。該句子之意涵是失去新的年，又有新的年要過之意。

60. pakilingulj 聚餐

為儀式性的聚餐。在每年年祭結束前的最後一天，各家族會有一次聚餐，家族所有成員必須到齊，清點人數，看今年已故的家人及新生兒出生，人數是否增加還是減少。家族聚餐時擺設的酒宴當中，裝在大型竹篩中的tjinuku（呈現圓滿）糯米芋頭糕點，會在當下切塊，家族中的每個家庭成員，必須領取一塊，分享年的力量之外，也蒙受百步蛇精靈的守護，在未來的一年平安。

三、傳說……ti sa ramiljangan 一隻名叫貪婪的小精靈

古早以前，部落裡有一戶人家，父親 sa pulelengan 聖 理解和母親 sa tjaidringerau 聖 音色幽悠（母親）生了一位漂亮的小女兒，名為 sa mua kakai 聖 話語（莎慕娃卡凱－音譯）。有一天，父母要去遠方的農田裡工作，出門前再三的叮嚀著女兒說：「門窗千萬不可以打開，敵人和惡靈會把妳帶走」。女兒聽話的守護著家屋閉不出戶。

有一天，來了一位名叫 sa kai kalji 聖 話語中的朋友（莎凱卡莉－音譯）的女孩來敲門，輕聲細語的對著屋內的莎慕娃卡凱說：「qadju qadju, tiyaken ti sa kaikalji suqeljevu... 朋友 朋友我是莎凱卡莉請開門」，她連叫三次，屋內的莎慕娃卡凱才回答說：「qadju qadju maya casasau aya ti qina ti qama 朋友 朋友啊～媽媽爸爸說不可以出門喔…」，莎凱卡莉還是一再請求開門，屋內的莎慕娃卡凱卻一心想著，父母出門前對她的叮嚀不可以開門，莎凱卡莉只好施了法術說：「ulja ulja ulja, tukikena sasiqanga 但願 但願 但願，我是一隻小小螞蟻」，於是她變成了一隻小小螞蟻，正巧門縫下有著列隊進屋子裡的小螞蟻，於是她也跟進了屋內，把莎慕娃卡凱緊閉的家門打開了。

她對著莎慕娃卡凱說：「qadju ari vaiki ya sema puljakarakaravan kivangavangavang 朋友啊…我們一起去花園裡玩耍好不好呀……」莎慕娃卡凱聽了之後也一再的推辭，最後還是跟著莎凱卡莉一起出門了。他們在花園裡玩了一下，莎凱卡莉又對莎慕娃卡凱說：「qadju qadju, ari sa pudrungalani uljatjena ki yatap uljatjena ki tjevus, uljatjena ljemakaru uljatjena qemetep 朋友 朋友，我們去常常讓腰難過（水芋田）吧，我們可以採集百香草，我們可以採集甜甘蔗，我們可以頭戴著花環，我們可以吃著甜甘蔗」。莎慕娃卡凱心想，反正自己經出門了去也無妨……於是就跟隨著莎凱卡莉去了水芋田。兩人玩的正

起勁的時候，水芋田裡忽然跳出了一隻名叫 sa ramiljangan（貪婪的小精靈），一口將莎慕娃卡凱吞食了，身邊的莎凱卡莉驚嚇的落荒而逃。

全部落的人得知這個消息後，紛紛跑去水芋田裡探個究竟，他們發現水芋田中央，有一隻撐著大肚子的小小幼蟲，躺臥著動也不動，部落人知道是牠吞食了可愛的莎慕娃卡凱，當中有一位老人對著圍觀的部落人說：「kelju kelju munanakipu uqaljai, kacu tuanu takit tuanu vuluq, uza leleqen nanga nua sa ramiljangan ti sa mua kakai lja kazangiyangiljan, kelju paseqeljingu... 來吧來吧……身為男人的戰士們，攜帶著你們的山刀和長矛前來吧！顧守者家族的莎慕娃卡凱被飢餓的貪婪之靈吞食了，前來解救吧！」部落裡的戰士，紛紛拿起自己的山刀和長矛前往貪婪之靈殺去，但沒有人可以制伏，再銳利的山刀和長矛，碰觸到貪婪之靈的身體時即刻鈍掉，無法將牠殺死。

已日落時分了，莎慕娃卡凱的父母從田間回來了，看著圍觀的群眾說：「qakumuna na tjelingulj anema kakudakudan 你們為何團聚呢？什麼重大的事嗎」？赫然發現，他們心愛的寶貝女兒，被貪婪之靈吞食了。於是父親 sa pulelengan（聖 理解）持著自己的山刀和長矛往牠身上刺去，他和其他戰士一樣，那銳利的長矛瞬間鈍了，山刀也鈍了，傷不了聖 貪婪之靈。心想，必須詔告太陽下的族人，看誰可以拯救我們的寶貝女兒，於是，他取下弓箭隨著日落的雲彩，拉起弓來對著日初、日落、南方、北方各射出一支箭，通告遠方的戰士們前來相救。夜幕低垂下的哀痛，全由 tja kaljava（等待）去承受了。

入夜之前，北方的戰士來了，名為 sa puljaljuyan（聖 蜂蜜罐），身穿著戰袍，直接衝到聖 貪婪之靈面前，一樣刀鋒

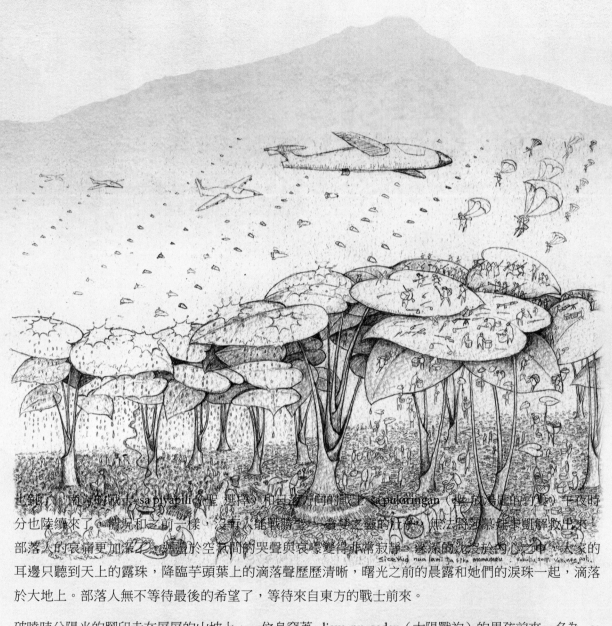

也銷了，南方的戰士 sa piyapili（聖 選擇）和白浪方面的戰士 sapukuringan（聲 如骨頭的打擊）午夜時分也陸續來了，情況和之前一樣，沒有人能戰勝聖 貪婪之靈的肚子，無法將莎慕娃卡凱解救出來。部落人的哀痛更加深了，迴盪於空氣間的哭聲與哀嚎變得非常寂靜，深深的沈沒於內心之中，大家的耳邊只聽到天上的露珠，降臨芋頭葉上的滴落聲歷歷清晰，曙光之前的晨露和她們的淚珠一起，滴落於大地上。部落人無不等待最後的希望了，等待來自東方的戰士前來。

破曉時分陽光的腳印走在層層的山坡上，一位身穿著 ljava nu qadau（太陽戰袍）的男孩前來，名為 sa makuljelje（聖 嬰孩）的戰士，他手中拿著 rinatjevusan na valuq（猶如甜甘蔗的長矛）和 ginaramugaman na takit（使顫抖敬畏的刀子）走來，沈默的將刀子輕輕觸碰了聖 貪婪之靈的身體，瞬間，牠溶化了，sa makuljelje（聖 嬰孩）即刻將被吞食的莎慕娃卡凱抱入懷中，並大聲的對著天地說一聲：「sini ljugai ni sa qadau 聖 太陽為我們傾倒之愛呀！」。圍觀的人見狀，哀傷變為喜泣，歡喜的相擁抱著，他們圍著水芋田。

qai tu qai 心中話

特別要感謝，國家文藝基金會伸出援手支持，讓《山芋頭：部落教室II》能順利產生，被種植在大時間裡，也特別感謝典藏藝術家庭的幫忙，謝謝您們，書寫期間常常問候及關心，還特別從台北寄了甜點分享給我們，為我們打氣，增添了喜氣和溫馨，孩子們最快樂了，我們帶著愉快的心情書寫。

我的母親 peleng 理解之意（余素月），沒有她這本書是寫不出來了的，從我童年時代就常在她的身後，背著小竹簍，小跟班一樣到哪裡都跟著，kitjuvu（野竹筍採集）、ki gulac、tjaeger、djarunuq、qudipedip……（野菇們的採集）、ki varar、djubaq、tjakudrailj、tariteku……（野山藥們的採集）等等，當然農務上的工作，也是跟到底，是這樣的生命經驗，從她身上學習到很多山林知識，部落裡的長輩們都是我的老師，而家母是我的指導教授，可以這麼說。

當今知識的傳播，是依賴文字的堆疊和行頁間逐字閱讀產生的，這已經異於過去。山中的知識是晚、中、輕三代共事相互學習的，不論用什麼方式學習，都是重要的，重點是知識的建構是要靠很多人的經驗和力量協力達成，和過去部落型態的共識其目的是一樣的。

這本書是以我出生地，也是我的故鄉 tjavadran 植苗之意（達瓦蘭部落－音譯）為書寫對象，時間軸為1975年至2005年代的部落芋頭品種。當年陳舊的芋頭手札本中，於2006年旅居台東都蘭部落時曾經再整理過。沒幾年（2009）部落發生了一次重大的災難，莫拉克風災，全村由 tjaivuvu （在祖父母那裡之意－大姆姆山）山腳下，搬遷到 kavulungan（尊者之意－北大武山）山腳下，地名叫 rinari 剝下農作物的地方之意－禮納里）住永久屋。陳設老家書房裡一堆手札本和長年紀錄的TV帶、音樂卡帶，一夕之間泡在風災的雨水當中，幸好2006年都蘭再整理的那新版本被留住了，才有這一本的延伸，並沒有和風災一起走，非常慶幸了！

很多記憶存留在我的心中，不只是山芋頭，還有山藥、野菇、小米、部落工事、祭典傳說等等，和心中曾經教導過我的長輩們，好幾代的長輩們傳授山中生活的經驗與智慧，特別想念他們。另外自感欣慰的事，學會了中文字和羅馬拼音的書寫工具，可以階段性的達成自己的心中話，將過去的經驗以現代的方式書寫，寫出斜坡上的山芋頭，以它們身平的故事作為我的分享。「書」是可以流浪的，不只限於台灣這塊土地上，它是可以穿越時空的，將來的那一天，家中一個人、書房一盞燈、桌上一本書，或許閱讀的正是這一本書。

故事時間

84

部落教室 II

山芋頭 Vasa

圖文／Sakuliu‧Pavavaljung

作品集

山芋頭：部落教室-II

作者／撒古流‧巴瓦瓦隆

編輯／亞粟、王辰慧

設計／亞粟

行銷企劃／黃鈺佳、王美茹

發行人／簡秀枝

總編輯／連雅琦

出版者／典藏藝術家庭股份有限公司

地址／104 台北市中山北路一段85號3樓

電話／886-2-2560-2220#300-302

傳真／886-2-2567-9295

網址：www.artouch.com

戶名／典藏藝術家庭股份有限公司

劃撥帳號／19848605

經銷商／聯灃書報社

地址／103 台北市重慶北路一段83巷43號

印刷／崎威彩藝有限公司

ISBN／978-957-9057-63-9

初版／2020年3月

定價／新台幣 500 元

法律顧問——益思科技法律事務所 劉承慶

版權所有　翻印必究

（本書若有缺頁、破損、裝訂錯誤，請寄回本公司調換）

國家圖書館出版品預行編目(CIP)資料

山芋頭 ： 部落教室－II / 撒古流‧巴瓦瓦隆作
-- 初版. -- 臺北市：典藏藝術家庭，
2020.03　面；　公分. --（作品集）
ISBN 978-957-9057-63-9（平裝）

1.排灣族　　2.飲食文化　　3.芋

536.3361　　　　　109003213

贊助出版  國家文化藝術基金會
National Culture and Arts Foundation
NCAF

 古流工藝社
KULIU HANDICRAFT WORKSHOP